KB070811

우보(牛步) 김희모

1949년 김희모와 김순 결혼 사진

1971년

1972년

1972년

1988년 한국재능개발전국대회

청주유치원 어린이들과

1987년 새청주유치원

1991년 70회 생신(고희) 때

75. 개축원 3.10

청주유치원 입원기념 1975 3.10

1975년 3월 청주유치원 개원

제10차 대회(호주) 때. 다음은 한국에서 개최하기로 하고
대회기를 받아왔음

한 · 일 스즈끼 바이올린 연주회(연세대 백주년기념관)

1991년 현대갤러리에서

『아기는 이렇게 자란다』 출간기념회

빈곤의 법칙(바이올린을 하면 고구마가 나온다)

1993년 11회 재능개발 세계대회

1993년 11회 재능개발 세계대회

1993년 12월 11일 우보 김희모 박사 영결식

차례

김희모 평전

시간을 달리다

김민숙 지음

사라진 개인의 삶에 역사의 빛을 비추다

한 사람의 삶을 기록하는 방법은 여러 가지가 있다.

먼저 스스로를 돌아보며 고백하는 것, 거기다 자신의 삶의 굽이굽이에서 함께 지낸 사람들의 증언을 첨언하는 것. 그러나 그 사람이 이미 28년 전에 사라진 사람일 때, 그리고 함께 한 친구며 동료들마저 저 세월의 심연으로 삼켜져서 더는 증언할 수 없을 때, 우리가 할 수 있는 일은 무엇일까?

그를 기억하는 남은 사람들을 만나 각자 자신이 겪은 시간 속에서 건져 올린 조각들을 이리저리 맞추어 보는 것. 그러나 그 속에도 깜깜한 빈 구멍이 너무나 많다. 자식의 기억 속에는 아버지 김희모만 있을 뿐, 소년 김희모, 청년 김희모, 남자 김희모는 없다. 친척들의 기억 속에는 외삼촌 김희모, 형부 김희모가 남아 있을 뿐이다. 그의 지도를 받은 유아교육 후학들의 기억 속에는 재능개발연구회 회장 김희모만 남아 있다.

캄캄한 굴속을 더듬이며 헤매다 어쩌다 조금 고여 있는 샘물을 만나기도 하고, 몇 번이나 모퉁이를 돌아도 출구가 보이지 않아 주저앉고 싶기도 했던 막막한 작업이었다. 작업을 하면 할수록 모르는 것이 더 많아졌다.

그렇게 긴 시간이 지나면서, 결국 나는 역사라는 필터를 끼워서 그를 살펴보기로 했다. 한 사람의 삶은 그가 살아낸 시대라는 틀에서 떼어낼 수 없는 법이다.

일제강점기, 식민지 수탈이 기승을 부리던 시대, 관북지방에서 자라며, 서양 선교사의 교육을 받은 식민지 청년 김희모는 어떤 사람이었을까?

마멸된 호적의 흔적

서기 1958년 3월 10일, 6·25전쟁의 혼란이 표면적으로나마 가라앉아갈 무렵, 청주에 정착한 함흥 사람 김봉식은 취적 신고를 한다. 그러나 남쪽 땅 청주에서 다시 만들어진 김씨 일가의 호적은, 언제인지 정확한 날짜도 또 그 원인도 알 수 없는 채로 마멸되어, 몇 개의 이름과 원적지의 주소 하나로 남았다.

함흥시 동문리 79번지. 이것이 김희모(金熙模)의 조부와 아버지가 태어나 자란 고향집 주소다. 김희모 역시 그곳에서 태어나 자랐다. 증명해줄 사람은 없지만 지금 찾을 수 있는 것은 그것뿐이다. 그렇게 시작하자.

김희모의 아버지 김봉식(金鳳植)은 1965년 4월 1일, 마멸된(실제로 제적등본에 그렇게 적혀 있다. '년월일 미상, 일부 마멸'이라고) 호적을 되살리면서 그의 부친 이름을 전 호주(前戶主)로 호적에 올렸다.

안동 김씨, 김두환(金斗煥). 김희모의 조부. 태어난 날은 알 수 없지만 김봉식의 호주 상속으로 김두환이 세상을 뜬 날짜는 용케 남았다. 1907년 2월 10일.

김두환은 조선의 관북지방 최대의 도시 함흥에서 나서 마을 훈장으로 살다 갔다.

조모의 이름은 없다. 아들 김봉식조차도 어머니의 이름을 몰랐다. 다행히 아들은 어머니의 성씨만은 기억해서 현씨(玄氏)라고만 호적에 올렸다. 어렸을 때 아명(兒名)은 있었겠지만, 시집 온 조선의 여자는 그저 며느리이고 어머니이고 아지매였을 뿐이다.

김두환이 살다간 세월을 잠시 생각해보자. 그가 가진 학문의 깊이는 알 길 없으나 훈장이었으니, 그 시절로 보아 지식인에 속할 것이다. 몇 년에 태어났는지는 모르나 철이 든 후 그가 만난 1850년대 조선의 현실은 암울했다.

조선이 가장 큰 영향을 받고 있던 청은, 두 차례에 걸친 아편전쟁의 결과로 서구 열강의 반식민지로 전락해 있었고, 일본은 재빠른 개화로 러시아에까지 손을 뻗치고 있었다. 철종이 즉위한 이래 조선은 하루빨리 서구나 일본처럼 개화를 이루어야 한다는 섣부른 개화파들로 넘쳐났다. 한 나라가 저물어갈 때는 언제나 부패하고 제 이익에 눈먼 관료가 날치기 마련이고, 그에 반하여 분연히 일어서는 지식인과 민중이 있기 마련이다.

니콜라이 2세의 전제정치에 시달리던 러시아에서는 지식인과 학생들이 개혁을 외치고 있었고, 이 혼란 속에 일본이 일으킨 러일전쟁은 뜻밖에도 일본에게 승리를 가져다주었다. 그 패배 이후 러시아에서는 노동자와 농민의 파업과 반란이 마침내 1차 러시아혁명으로 타올랐고, 일본은 이 승리를 기회로 당연한 듯 조선을 제 손아귀에 넣었다.

그해에 고종은 일본의 앞잡이가 된 관리들에 떠밀리고, 일본군대에 포위되어 조선의 외교권을 일본에게 바친 '을사늑약'을 맺었다. 분개한 민중은 '을사오적 암살단'을 만들었고, 곳곳에서 의병이 출몰했다.

이 대혼란의 시대에 조선의 관북지방 함흥시 동문리 79번지에 살던 마을 훈장 김두환을 무슨 생각을 하고 있었을까?

1907년 2월 10일 김두환은 세상을 떴다.

그해 7월 20일 고종은 일본군에 포위된 채 순종에게 양위하고, 역사에서 사라졌다.

김두환은 김봉식을 낳고

성경을 흉내 내려는 건 아니지만, 김두환은 김봉식을 낳고, 김봉식은 김희모를 낳았다.

위인은 자신이 이룬 업적으로, 철학가는 사상으로, 예술가는 작품으로 불멸에 도전하지만, 보통의 사람들은 자식을 낳는 것으로 불멸에 도전한다.

1885년 7월 23일 김두환은 아내 현씨와의 사이에서 첫 아들을 얻었다. 이름을 김봉식으로 붙였다. 을유(乙酉)년

닭띠다.

1884년 고종21년 개화당이 청국의 속방화정책에 저항해 자주독립과 근대화를 주장한 갑신정변이 일어났으나 조선에 주둔해 있던 청나라 군대의 개입으로 실패한다.

김봉식이 태어난 1885년은 개화의 물결이 조선을 휩쓸던 해다. 갑신정변의 사후처리로 좌의정 김홍집과 일본제국 외무대신이 조선의 한성부에서 만나 '한성조약'을 체결했다. 또한 정변동안 조선에 체류하던 일본거류민 사상자들의 피해보상 문제와 조선에 거류하던 청과 일본의 군대를 철수하기 위해 청과 일본이 텐진에서 '텐진조약'을 체결했다.

한편 러시아와 대립하고 있던 영국은 러시아를 견제하기 위해 2년 넘게 거문도를 불법 점령한다. 조선을 둘러싼 강대국의 파도에 휩쓸리면서 조선도 서서히 그 수면 밑으로 빠져들었다.

조선 최초의 서양식 병원 광혜원이 설립되었고, 4월 5일 기독교 목사 아펜젤러가 인천에 첫발을 내디뎠다. 그러나 조선의 정국이 불안정하여 일본으로 되돌아갔다가 6월 20일 되돌아와 인천 내동에 숙소를 정하고 목회를 시작했다. 나가사키에서 부친 풍금이 7월 7일 인천에 도착하자 아펜젤러는 한 시간 동안 풍금을 연주했다고 한다. 조선 최초의 감리교 찬송이었다.

　이제 함흥으로 돌아가보자.

　예로부터 함흥은 관북의 행정중심지였으나 교통이 불편하여 그때만 해도 도시라기보다는 농어촌의 면모를 지니고 있었다. 성천강이 도시의 중심을 흘러 호련천과 만나 동해로 흐르니 그 퇴적층에 함흥평야가 펼쳐졌고, 반룡산이나 설봉산 밑자락으로는 과수원이 많았다. 북쪽지역이지만 함경산맥이 북풍을 막아주고, 서쪽은 낭림산맥으로 둘러싸이고, 게다가 동해 바다의 영향까지 있어 기온이 온화해 온갖 농산물과 어물이 풍부했다.

　김두환과 김봉식의 원적 주소인 함흥시 동문리 79번지는 함흥시의 중심지인 성천강구역에 속한다. 이성계가 왕이 되기 전에 살던 곳에 지었다는 함흥본궁(咸興本宮)과도 가깝다. 동문리란 동네 이름도 어쩌면 본궁의 동문 앞 지역이라는 의미로 지어졌던 것이 아닐까?

　훈장 김두환이 그리 여유로운 생활을 누렸을 리는 없으나 김봉식은 아버지로부터 한학을 배웠을 것이다. 게다가 그는 매우 영민하고 진취적인 사람이었다. 저물어가는 나라에서 태어난 영민한 젊은이가 꿈꿀 수 있는 길에는 그리 선택의 여지가 많지 않았으리라.

1903년 3월 10일, 만 18세의 청년 김봉식은 이동원과 혼인한다. 지금 같으면 청소년이라 불릴 나이지만 그 시절에는 충분히 일가를 이룰 나이였다. 혼인하고 5년 만에 김봉식은 아버지를 잃었다. 22세에 호주 상속을 하고, 호주가 된 것이다.

1910년 1월 31일 김봉식은 장남을 얻었다. 이름을 김희덕이라 지었다. 경술(庚戌)년, 경은 희다는 뜻이니, 하얀 개띠다.

1910년 8월 22일 한일병합조약이 조인되어 8월 29일 공포된다. 이날 일본제국 천황이 대한제국의 국호를 조선으로 칭하는 건과 병합에 관한 조서를 공포함으로써 대한제국은 일본제국의 식민지가 된다.

1904년 한일의정서를 시작으로 일본은 대한제국을 침탈할 계획을 진행해 나갔다. 거기다 이완용이나 송병준 같은 관리들이 서로 앞다투어 매국 흥정에 나서서 일본에 충성경쟁을 벌였으니, 그로부터 6년 만에 결국 대한제국은 사라지고, 남은 것은 식민지에서 목숨을 부지해야 하는 백성의 구차한 삶이었다. 다들 제 깜냥으로 제 앞에 놓인 삶의 몫을 껴안았다. 어떤 이는 슬픔으로 목숨을 버리고, 어떤 이는 보리쌀 한 줌을 얻느라 노예가 되고, 누군가는 남몰래 독립을 꿈꾸고, 누군가는 재빨리 일본 신민이 되기 위해 뛰었다.

김봉식은 함흥 부두에 나가서 일을 잡았다. 글을 쓰고 서류를 작성할 수 있는 사람이 드물던 시절이었다. 철도 부설이나 제방공사, 비료공장 건설로 함흥은 도시화되어 갔고, 부두에는 일본에서 오는 사람들이 넘쳐났다. 그 사람들의 일을 처리해주면서 타고난 영민함으로 남보다 먼저 일본어를 습득했다. 청년 김봉식은 성공하고 싶었고, 이 새로운 질서에 적응했고, 성공했다. 일제강점기 말 그는 독학으로 익힌 일어 실력으로 일제의 공무원 시험을 치르고 합격하여 함경도 경성의 군수에까지 올랐다. 그러나 얼마 지나지 않아 장티푸스에 걸려 퇴직하고 함흥으로 돌아와 대서사 일로 생계를 이어간다.

얼마 지나지 않아 해방이 되었고, 잠깐 군수에 올랐던 그 성공의 결과로 그는 민족문제연구소의 친일인명사전 관료 부문에 장남 김희덕과 나란히 이름을 올렸다. 그 사전의 김희덕에 붙여진 해설에는 일제강점기의 화려한 관료로서의 이력과 더불어 엄창섭의 사위라고 밝혀져 있으나 김봉식의 아들이라는 말은 빠져 있다.

경술국치의 해에 태어난 장남 김희덕은 뛰어나게 총명하여 일가의 희망이 되었다.

함흥에서 고등보통학교를 졸업한 후 일본 교토 제3고등학교로 진학했고, 졸업 후 도쿄 제국대학 정치학과에 들어갔다. 재학 중인 1933년 고등문관시험 행정과에 합격했고, 1934년 대학을 졸업했다.

일본식 이름, 가네오까 요시노리(金岡熙德). 이미 식민지가 된 땅에서 태어나 자라며 일본인 사이에서 일본교육을 받은 김희덕에게 자신이 식민지 조선인이라는 인식이 있었을까? 혹시 마음속 어딘가에서 그런 무엇인가가 꿈틀거렸다고 해도, 그는 아마 애써 눈을 감았을 것이다. 일가의 희망으로 떠받들어져서, 아버지가 번 모든 돈이 그의 교육에 쏟아 부어졌을 때, 그가 할 수 있는 것은 오로지 누구보다 완벽한, 누구보다 뛰어난 일본인이 되는 것이 아니었을까?

약관의 나이로 고등문관 시험에 합격한 젊은 조선인 청년을 눈여겨본 세도가 엄창섭에게 뽑혀서, 그는 엄창섭의 딸 엄경래와 혼인한다. 세도가의 딸인데다, 인물까지 출중한 엄경래와의 결혼은 김희덕에게 화려한 미래를 보증 받은 것처럼 보였으리라.

엄창섭(嚴昌燮), 창씨개명한 이름은 다케나가 가즈키. 대한제국 궁내부 관리였다가 병합조약 체결 뒤 일본제국으로부터 옛 대한제국 황실에 대한 업무를 부여받았다. 1912년에는 조선총독부 군서기로 평안남도 강동군에 배속되었다가 나중에는 안주군 군수로, 그 뒤 조선총독부 중추원 서기관, 조선총독부 학무국 이사관으로 근무하며 여러 친일 단체 결성을 주도했다. 전라남도, 경상북도 지사를 지냈고, 1942년을 기점으로 종4위 훈3등에 올라 있으니 일제에 대한 그의 충성도를 짐작할 수 있다. 1944년 8월부터 조선총독부 학무국장으로 있으면서 학생들을 전쟁터로 내몰다가 태평양전쟁 종전을 맞았다. 일제강점기, 총독부 국장으로 오른 조선 사람은 그를 포함해 두 사람뿐이었다.

김희덕은 그의 나이 26세 1937년 8월 12일부터 1938년 10월 31일까지 경상남도 의령군수를 역임했다. 그 후 곧바로 11월 1일 조선총독부로 들어가 농림국 사무관으로 1944년 11월 15일까지 재직했다. 1940년 4월 29일 중일전쟁에 협력한 공으로 일본 정부로부터 훈6등 서보장을 받았다.

일제강점 말기 조선인의 신민화와 전쟁 동원에 총력을 다하기 위해 만들어진 국민총력조선연맹의 농림부 주사와 조선흥농회 평의원을 지냈다. 1944년 11월 13일 충청북도 농상부장으로 선출되었다. 일본제국에 협력하여 출세가도를 달리고, 어마어마한 집안의 사위로 그의 앞날은 마냥 빛날 듯했으나, 1945년 8월, 끝은 너무나 빨리 왔다.

식민지 사람 김희덕은, 일본제국의 공무원으로 화려하게 출세한 김희덕은 이 해방을 어떻게 받아들였을까. 그는 남몰래 자신의 행적에 대해 괴로워했을까? 부끄러워했을까? 혹은 후환을 두려워했을까? 그랬을 것 같지는 않다. 일제가 끝나도, 그는 같은 자리에 공무원으로 머물렀으니. 미 군정은 통치의 편리성 때문인지, 일제강점기의 인물들을 그대로 물려받아 썼던 것이다.

이 지점에서 늘 하나의 의문이 생긴다. 같은 시대에 태어나 살면서, 어떤 사람은 독립운동가가 되고, 어떤 사람은 친일 반민족행위자가 되는 걸까.

대부분의 친일부역자들은 늘 같은 답을 낸다. 자신이 일본의 쓰임을 받을 만큼 유능하고, 훌륭해서라고. 살기 위해서 그럴 수밖에 없었다고. 이렇게 빨리 독립이 될 줄은 꿈에도 몰랐다고. 그렇다면 친일 부역자들은 그저 보통사람들 보다 적응력이 유난히 빠른 사람들이었을까.

김희덕에게는 어떤 답이 있었을까? 가난한 집안의 장남으로 오로지 집안을 일으키는 일이 자신에게 주어진 유일한 의무였다고, 거기서 벗어날 길이 없었다고, 그는 자신에게 변명했을까? 정말 단 한 번이라도 스스로에게 그런 질문을 해보기는 했을까?

겉으로는 약관의 나이에 출세를 거듭했으나 세력가 집

안의 딸로 안하무인에 방자하기 이를 데 없던 부인 엄경래와는 아이 넷을 얻었으나 몹시 불화하여 불행한 결혼생활을 보냈다. 결국 김희덕은 1950년 나이 40에 세상을 떴다. 한국전쟁이 발발한 해다. 전시였던 탓인지 대단히 위중한 병도 아니었는데, 의사를 만나지 못해 허망하게 죽었다. 그에게 남은 것은 친일파 엄창섭의 사위로 장인과 함께 친일파 708인 명단, 정부가 발표한 친일 반민족행위자 명단, 민족문제연구소가 만든 친일 인명사전에 이름을 올린 것이다. 전시여서인지, 아무도 그의 사망신고를 하지 않았던 모양이다. 그래서 그 인명사전에는 몰년 미상으로 나온다.

1921년 차남 김희모 세상에 나오다

　1919년 고종황제가 사망하고, 3·1 독립운동이 불붙듯
일어나고, 대한민국 임시정부가 수립되었다. 그래서 의열
단이 생기고, 그 이듬해에는 홍범도 장군이 봉오동 전투
에서 일본군을 격퇴하고, 김좌진 장군이 청산리대첩에서
일본군을 물리쳤다. 김봉식은 장남 김희덕 밑으로 두 딸

을 얻고, 그 밑으로 다시 아들 둘, 다시 딸 둘, 모두 3남 4
녀를 얻었다. 그러나 7남매 중 넷은 남쪽으로 내려오지
못했다.

1921년 6월 27일, 둘째 아들 김희모가 태어났다. 신유
년(辛酉年) 닭띠다.

김희모가 태어난 21년에는 일본의 압제만큼 독립의 의
지가 나라 전체에 들끓고 있었다.

큰아들 김희덕과는 나이 차이가 10년 넘게 나는 데다 그
가 철이 들 무렵에는 형이 일본에 유학 중이어서 서먹한
존재였다. 더구나 가족은 물론 그가 다닌 소학교에서도 천
재 김희덕은 너무 신화적인 존재여서 김희덕의 동생이라
는 것이 버거웠을 것이다. 그런 한편 아버지 김봉식은 오
로지 장남에게 모든 기대를 걸고 있는 참이라 그는 오히려
자유롭게 자랄 수 있었다.

김희모의 어렸을 때의 일을 증언해 줄 사람이 지금은 남
아 있지 않다. 다행히 김희모가 나중에 자신이 설립한 '재
능개발협회'의 협회보에 자신의 어린 시절 아버지와의 추
억을 담은 글이 남아 있다.

그 자신의 목소리를 통해 사생활을 추억한 드문 글이라
여기에 싣는다.

어린 시절 나의 아버지

1987년 5월 6일
재능개발협회보 제17호

나의 이마에는 가로로 한 일(一)자의 흉터가 있습니다. 몇 살 때였는지는 모르겠지만 아버지가 넘어져 이마를 깬 나를 겨드랑이에 안고 상처를 깨끗이 씻어야 한다고 부엌 마루에 대야를 놓고 울고불고 하는 나의 이마를 물로 닦아 준 것이 생각납니다. 결국은 곪아 흉터가 되었지만 아버지는 신식이라고 하는 과학적인 사상을 일찍이 받아들여 깨끗이 해야 한다고 씻고 문질러 댄 것이었습니다. 3남 4녀의 많은 아이를 가졌고, 여섯 번째인 나까지 자주 돌봐 줄 수도 없는 빈곤한 형편이어서 이렇다 할 즐거운 일은 생각나지 않습니다. 그러나 간혹 나를 데리고 간 대중목욕탕이 생각납니다. 일본사람이 만든 목욕탕이어서 그때는 비싸서 자주 갈 수 없는 곳이었습니다. 그래서 한 번 가면 몇 번씩 뜨거워 못 견딜 탕 속에 들어가야 했고 나와서는 세탁비누로 온몸을 몇 번이나 닦아 그 비눗물이 눈 속에 스며들어 괴로웠지요.

　그러나 목욕가면 즐거웠던 일이 있는데 그것은 돌아오는 길목에 홀로 사는 중국노인이 팔고 있는 호빵집에서 속에 팥이 들어 있는 하얗고 주먹만 한 호빵을 사 주는 것이었습니다. 아버지는 자신은 드실 생각도 하지 않고 나에게만 하나 사 주는데 나는 아버지에게 눈치 돌릴 겨를도 없이 조금씩 껍데기부터 먹기 시작합니다. 없어지는 것이 아까워서 조금씩… 그러나 대문에 들어설 때쯤 되면 다 먹어 버리게 되고, 그때부터 그 말랑말랑하고 뜨끈뜨끈하였던 호빵 먹은 것을 누나들에게 자랑을 하곤 했지요. 조르지는 않았지만 아버지가 "목욕가자" 하시면 뜨겁고 아픈 목욕은 끔찍하게 싫었지만 두 말 없이 따라나서곤 했던 것은 틀림없이 사주시는 그 호빵이 그 이상 없이 맛이 있고 귀한 선물이었던 탓이었습니다.

　초가인 우리 집 대문을 나서면 마을 길이 있고 그 길을 꼬불꼬불 한참 가면 두 갈래 세 갈래 넓은 신작로가 나옵니다. 하루는 나보다 두 살 위인 사촌형과 그 신작로를 따라 정거장 기차구경을 하러 갔습니다. 나보다 더 높은 1미터 가량의 출입문에 기어 올라타고는 기차를 보는 것입니다. 산더미만한 시꺼먼 기차가 무섭게 다가오면 둥그런 큰 바퀴, 작은 바퀴, 그리고 푹푹 내뿜는 엄청난 많은 흰 김.

보아도보아도 재미가 있습니다. 그러는 사이에 배가 고파 와서 집으로 가야지 하고 돌아서 길에 섭니다. 그런데 이 게 웬일입니까? 가도 가도 집이 나타나지를 않는 것입니 다. 끝내 당황한 사촌형은 울기 시작하고 나도 덩달아 울 어대고. 지나가던 어른들이 너희 집은 어디지 하고 묻는 것입니다. 그런데 생각해보니 우리 집을 설명할 도리가 없 어 "우리 집은 저기"라고만 했습니다. 사촌형도 학교에 다 닐 나이가 되지 못하였으니, 주소를 알 도리가 없었습니 다. 날은 점점 어두워지고 낭패하기만 하고, 무섭고 어쩔 수 없어 울어대기만 했습니다. 한편 집에서는 야단이 나서 온 식구가 찾으러 나섰습니다. 결국은 집에 돌아올 수 있 었으나, 사촌형은 크다고 먼저 종아리 맞고 야단 맞고 "다 시는 안 그럴게"하는 것이었습니다. 곁에서 나도 그렇게 당하려니 하고 겁에 질려있는데 아버지가 뒤늦게 밖에서 달려들어 오면서 아무 말없이 꼭 안아주는 것이었습니다.

육십여 년이 지난 지금도 정거장과 그때의 거리 모습 그 리고 집에 돌아와서의 일들과 아버지의 포옹이 어쩌면 이 렇게도 생생한지 모르겠습니다.

그 외에도 생각나야 할 어린 시절의 일들이 많을 터인데 유별나게 이런 일들만이 뚜렷할까. 유아교육을 하는 요사 이에 와서 '어린 시절의 사진'을 교육법으로 생각합니다.

독일에서 성행되고 있는 〈상황중심교육〉이란 것이 있습니다만 그렇게 꾸며진 것이 아니고 우리의 환경 속에서 어려움과 굶주림과 그리움을 가질 수밖에 없는 어린 시절의 사건들이 많았으면 좋겠다고 생각합니다. 일생을 두고 잊을 수 없는 이런 일들이 얼마나 크게 한 인생을 이루는 데 밑받침이 될 것인가를 생각하면서, 90에 돌아가신 아버지께서 어린 시절 나에게 보여준 모습을 회상하여 보며 그 너그러웠던 성품과 새로운 것이라면 크나 적으나 쉽게 받아들이려고 하시던 적극성이 그립고 고맙게 생각됩니다.

영생고보에 들어가다

1934년 김희모는 영생고보에 입학했다. 함흥에 관립 함흥고보가 있었고, 사립으로 영생고보가 있었다. 함흥고보가 성적에서 조금 우세했다고 하지만, 영생고보는 기독교 학교여서 서양식 교육의 자유로운 교풍이 자랑이었다. 학교는 학생들에게 자율적으로 학교생활을 결정할 수 있도록 해주었고, 그 자부심이 학생들에게 오래 남아 있었다.

김희모는 그 시절 영생고보 영어교사로 부임한 시인 백석 선생을 만난다. 보기 드문 미남에 세련된 멋쟁이였던 백석에 매혹당했던 김희모는 직접 백석을 만난 이야기를 수필로 쓰기도 했다. 예술가란 저런 사람이구나 하고 감탄했던 김희모는 축구부에 들어가 축구부 지도교사였던 백석을 더 가까이에서 지켜볼 수 있었다.

다행히 그가 직접 쓰고 덧붙여 구술한 백석과의 인연을 시인 이동순 선생이 정리하여 1990년 시문학 5월호 '집중분석/백석연구'에 실은 글이 있어 허락을 얻어 여기에 전재한다.

내 고보시절의 은사 백석(白石) 선생

1. 아 반룡산(盤龍山) 우렁찬 큰 멧줄기
   함마청평 천리를 달려내려
   환할사 툭 터진 함흥의 들판
   이곳에 우리 모교ㄹ세

2. 아 우리의 할 일을 잊지 말자
   그 나라와 그 의를 이룸은
   몸과 맘 큰 정신 이루자 하여
   이곳에 우리 모교ㄹ세

(후렴) 영생(永生) 오래 살아라
   주의 참빛을 영원히
   이 겨레에 비치어라

이 노래는 나의 모교 함흥 영생고보의 교가이다. 아마도 춘원선생이 지었던 것으로 생각된다. 영생고보는 함흥 굴지의 명문사학으로써 1907년 9월 캐나다 연합교회에서 한국에 개교한 학교이다. 1910년에 영생중학 설립 인가가 났고, 1926년 3월에는 5년제 고등보통학교의 설립인가가 났다.

나는 1934년부터 이후 5년간 영생고보를 다녔다. 그러니까 그때 내가 3학년이었으니 1936년 봄, 어느 오후시간이었다고 기억된다. 수업시간 사이에 5분씩 쉬는 휴식시간이 있어서, 나는 마침 우리 교실이 있던 2층 창가에서 운동장 쪽을 내려다보고 있었다. 그런데 한 양복차림의 '모던보이'(당시에는 멋장이 신식 청년을 이렇게 불렀다)가 교문으로 성큼성큼 들어오는 모습이 눈에 띄었다. 운동장을 가로질러 학교의 현관으로 서슴없이 걸어 들어오는 그의 옷차림은 당시의 일본식 용어로 '료마에'라고 하는, 두 줄의 단추가 가지런히 반짝이는 감색 양복이었고, 모발을 모두 뒤로 넘어가도록 빗은 '올백'형에다 유난히 광택이 나는 가죽구두는 유행의 첨단을 총망라한 매우 세련된 멋쟁이였다. 이런 옷차림과 멋스러운 스타일은 당시 인구 고작 5만밖에 안 되는 함흥에서는 좀처럼 보기 힘든 모습이었으므로, 함께 내려다보던 4학년 을조(乙組)의 동급생들은 창틀에 매달려 일제히 우- 하는 함성을 그 '모던보이'에게 보내었던 것이다.

다음 날 아침, 운동장에서는 여느 때와 마찬가지로 조회가 열렸고, 보통 때완 다른 것이 새로 부임한 선생님 한 분을 김관식 교장 선생님이 학우들에게 소개하는 것이었다. 새로 부임한 교사는 다름 아닌, 우리가 어제 오후에 운동장을 걸어오는 모습을 보았던 그 '모던보이'였다. 이름은 백석(白石), 2학년 담임을 맡게 된 그 선생님은 영어 과목을 담당한다 하였고, 나이는 스물다섯, 일본 도쿄의 아오야마(青山) 학원 영문과 출신이라고 소개되었다. 나중에 들으니 서울에서 『사슴』이라는 제목의 시집을 이미 발간한 이름 높은 시인으로서, 조선일보사의 기자로도 근무했던 분이라고 하였다. 우리는 그날부터 백석 선생이 가르치는 영어 수업을 받게 되었다.

그로부터 사흘 후였을 것이다. 백석 선생은 출석부를 옆구리에 낀 채, 맨 앞줄의 학생부터 차례차례로 약 70여 명을 모조리 얼굴을 보며 이름을 불러가는 것이 아닌가. 더욱 놀라운 것은 선생님이 부르는 이름들이 단 하나도 착오가 없이 정확하게 호명하였다는 점이다. 우리들은 모두 꼭 무엇에 홀리기라도 한 듯 어리둥절하였다. 당시의 우리들에게 있어서 그것은 거의 신기(神技)였다. 연세가 높으신 선생님들은 이름을 잘 외우지 못하시거나, 외운다 해도 틀리게 외우시는 경우가 많은데, 이 젊은 선생님은 부임한

지 불과 사흘밖에 안 되었음에도 불구하고 70여 명의 이름을 모조리 그것도 정확하게 외우다니…. 우리는 그날부터 백 선생님의 놀라운 기억력에 꼼짝 못하는 포로가 되어버렸다. 아마도 그 분은 단 한 번 만에 그렇게 많은 학생들의 이름을 외우진 못했을 것이고, 학생들과 더 친숙해지기 위해서 명렬표(名列表)를 갖다 놓고 열심히 외웠을 것이다. 이것은 교사로서의 그분의 성실성을 말해 주는 것과 다름 아니다.

영어 교사로서의 그의 발음은 우리가 듣기에 상당히 유창한 듯하였다. 대개 그 시절의 영어 선생님들의 발음이란 기껏 일본식 발음으로써 "져ㅅ도 이스 어 빼ㄴ소루(That is a pencil)" "가도리꾸 (Catholic)" "메끼시꼬 (Mexico)"라는 투의 정도였음에 비해 백 선생님의 발음은 전혀 이런 점이 없었다. 그분이 판서하는 영어 글씨는 비록 백묵으로 칠판에 후려갈겨서 쓰는 것이었지만 매우 빠르고 독특한 필체였다. 백 선생님의 영어수업 방식은 대체로 평범한 편이었으나, 한 가지 특이한 점은 종종 학과목과 무관한 이야기로 시간을 보낼 때가 있다는 것이다. 학생 앞을 차례로 돌아가면서 "너는 장차 무엇이 될 것인가?"로 말문을 여는 것인데, 하루는 웬 당돌한 학생이 선생님의 질문을 도로받아서 "선생님은 학생 때 장차 무엇이 되려고 생각했습니까?"라고 되물은 일이 있었다. 그랬더니 백 선생님은 결코 꾸짖거나 언짢은 낯색을 보이지 않으면서 "나는 어려서부터 학교의 선생님 되는 것이 꿈이었다"라고 하셨다. 이에 또 다른 학생 하나가 짓이 나서 말씀이 끝나기가 바쁘게 질문했다. "그렇다면 지금은 그 소원을 이루셨는데, 선생님께선 만족하십니까?" 선생님께서는 이 질문에 대하여 다음과 같은 대답을 주었다. "남을 가르친다는 것은 내 것을 떼어서 주는 것과 같다. 만약 내가 열(十)을 가졌는데 넷(四)을 가르치면 나는 여섯(六) 밖에 가질 수 없게 되지 않는가?" 우리 모두는 별다른 생각 없이 한바탕 웃고 말았지만, 선생님의 그 사뭇 진지한 표정으로 말씀하시던 모습이 잊히지 않는다.

교사로서의 백석 선생은 학생들에게 매우 철저한 편이었다. 매일 숙제를 내주는데, 그날 가르친 페이지에서 절반의 분량을 반드시 암기하게 하며, 그다음 날 백지에 쓸 수 있도록 하는 것이었다. 그것이 생활영어를 매우 중요시했었다는 사실임을 이제야 깨닫는다. 우리는 이 지긋지긋한 숙제가 싫어서 모두들 끙끙 앓고 하였었다.

어느 때인가 선생님은 자신의 시집 『사슴』(1936)에 대해서 이야기해 주신 적이 있었는데, 당신의 소년 시절의 추억담과 고향 사람들의 이야기를 매우 정겹게 들려주었다. 더불어 백석 선생은 여러 외국 문학들 가운데서 특히 러시아 문학을 좋아하고 있다면서 여러 작가들의 이름과 작품들의 줄거리를 신이 나서 설명해 주었다. 내가 본시 문학에 별다른 소질이 없었던지라 한번 듣고, 곧 대부분을 잊어버렸는데, 지금까지도 잊히지 않는 것은, '뜨루게네프'라는 러시아 시인의 이름이다. 유독 그것만이 생각나는 것은 '뜨루게네프'라는 어감이 매우 독특했기 때문일 것이다.

날씬한 '모던보이'로서 영어 교사였던 백석 선생은 과외 활동 시간에 매우 어울리지 않게도 축구부를 담당하였다. 내가 백 선생님과 친해질 수 있었던 것은 바로 이 축구부에서의 활동 때문이다. 나는 문학보다도 스포츠가 좋았고, 축구부에서 골키퍼를 맡아서 뛰었다. 축구부의 골키퍼로서 제법 우쭐거리며 다녔던 나는 연습 때나 시합 때에 골의 문전에서 여러 사람들의 뛰는 모습을 누구보다도 세심히 바라볼 수 있었다.

축구부 지도교사이던 백석 선생은 우리들의 연습 때에 반드시 그라운드에 들어와서 학생들이랑 함께 달리며 학생들의 시합을 독려해 주었다. 아무렴, 저 선생님이 뛰면 얼마나 뛸까. 백선생님 자신이 직접 공을 차는 모습을 볼 때, 그 솜씨는 그다지 수준급은 아니었으나, 공을 따라서 매우 열심히 뛰어다니며 땀을 뻘뻘 흘리는 모습은 젊은 우리들을 감동하게 하였다. 한참 뛰어다니다 숨이 찰 때면 늘 그 자리에 머물러 천천히 걸음을 옮기며 심호흡을 하는데, 그럴 때면 꼭 배우가 무대 위에서 부리는 몸짓처럼 어깨를 으쓱거리는 것이었다. 가까이 다가가서 보면 눈을 지긋이 감고 코로 바람을 양껏 마시면서 두 팔을 양쪽으로 넓게 펼치는 모습이 우리 선수들 눈에는 이상한 모습으로 비쳐졌다. 때마침 오월훈동이라 운동장 부근의 언덕에 활짝 핀 아카시아꽃이 바람에 그 향내를 실어 보내올 때였지만, 우리는 축구시합에만 골몰했지, 꽃향기 따위에 관심을 가질 축이 아니었었다. 그러나 선생님은 어딘지 모르게 시인다운 데가 있었고, 특히 눈을 지그시 감으며 꽃향기를 맡을 때는, '아, 시인이란 저런 모습을 지닌 사람이로구나' 하고 생각할 정도였다.

당시 함흥에는 관립(官立)으로서 함흥고보가 있었고, 사립으로는 영생고보였다. 비록 일제강점기였지만 기독교계의 사립학교였던지라, 조선어 시간도 비교적 수월하게 있었고, 교가에서부터 응원가까지 모두 우리말로 되어 있었다. 그러던 것이 일제의 간섭이 30년대 후반부터 점차 노골화되기 시작하고부터 국문으로 된 교가는 아예 폐지시켜 버렸고, 응원가는 부르되 일본어로 고쳐서 부르라는 지시가 내려왔다. 그때에는 우리 축구부가 유난히 교내, 혹은 교외의 시합이 많았었기 때문에 교장 선생은 응원가를 일본어로 개작하라는 지시를 시인인 백석 선생에게 위촉하였다. 그런 위촉을 받은 선생님은 민족언어로 시를 쓰는 시인으로서 마음속 심정이 어떠했을까. 며칠 후 우리는 일본말로 된 응원가를 연습하게 되었는데, 우리들에게는 매우 낯선 느낌이 들고, 또 응원하는 기분도 제대로 나지 않아서 매우 불만스러웠다. 아무리 해도 그렇지, 부르는 노래까지 일본말을 써야 할 까닭이 무엇인가? 세상 돌아가는 사정을 환히 알지 못하는 우리들은 서로의 불만을 토로하다가 뜻이 뭉쳐져서 급기야 응원가 불창운동으로까지 확대되었다. 아무튼 백선생의 개작가사에 대한 불창운동을 벌인 사실이 선생님의 심중을 몹시 곤혹스럽게 만들었을 것임은 틀림없다.

백 선생님을 가까이에서 지켜보면 매우 까다로운 성품을 지니신 분 같았다. 한번은 교무실에서 점심 도시락을 드시는데(그 무렵 선생님은 함흥에서 하숙 생활을 하셨다), 도시락 뚜껑에 부어놓은 물에다가 무슨 반찬을 일일이 씻어서 드시는 것이었다. 등 뒤로 지나가면서 슬쩍 보니 고깃물에 졸인 콩자반이었다. 그분이 육식을 특히 싫어하셨다는 소문을 들은 적이 있기에, 하숙집에서 넣어준 콩자반의 비린내가 싫었던 탓이라고 여겨졌다.

봄날 길가의 시궁창 옆을 지날 때, 시궁창 바닥에 쌓인 더러운 퇴적물들을 퍼서 쌓아놓은 둑길에서는 참으로 고약한 냄새가 났다. 그럴 때면 으레 하얀 손수건으로 코를 막는 습관이 있었다. 우리들이야 그때 손수건이 있을 리도 없었거니와, 또 손수건이 있다 해도 시궁창 옆을 아랑곳하지 않고 그냥 지나칠 터인데, 선생님께서는 그 역한 냄새를 참아내지 못할 만큼 비위가 약한 듯 보였다.

1938년 초여름이었을 것이다. 우리 영생고보의 축구부 선수들은 전선(全鮮)고보 대항축구시합에 참가하러 기차를 타고 서울로 올라왔다. 물론 인솔교사는 백석 선생이었다. 그때 우리들은 화신백화점에서 약 이백 미터가량 떨어진 여관에 짐을 풀었는데, 선수 중에서 꽤 멋을 부리는 학생을 부르더니, 양말을 한 켤레 사달라고 심부름을 시켰다. 잠시 후 이 학생이 양말을 사 왔는데, 색상과 무늬가 별로 마음에 들지 않는다고 다시 바꾸어오게 하였다. 아마도 선생님께서는 당신 몸에 지니는 온갖 것들에 대해서만큼은 철저히 미(美)와 조화를 생각하는 것 같았다.

당시 함흥 시내에는 백계 러시아인이 경영하는 문방구 겸 서점이 한 군데 있었는데, 나는 시내에 놀러 나갔다가 백석 선생이 그 상점을 드나드는 것을 몇 차례 본 적이 있다. 소문에는 백 선생님이 그 상점 주인인 러시아 사람에게 러시아말을 배운다는 말이 있었지만, 그분이 직접 러시아말을 하는 것은 그때까지 보지 못했다. 그러다가 그해 가을 우리 영생고보 학생들은 만주 지역으로 수학여행을 다녀오게 되었는데, 이때 우리를 인솔해간 백석 선생이 기차 안의 어느 백계 러시아 사람과 유창하게 대화를 주고받는 것을 보았다. 우리는 그때 깜짝 놀랐다. 언제 선생님께서 저렇듯 유창할 정도의 러시아말을 배웠는가? 아마도 선생님의 외국어 실력은 거의 천부적인 것이 아닌가 한다. 현수(玄秀)라는 분이 쓴 분단 직후의 북한 문단 소개 책자에 의하면 백석 선생은 북에서 러시아의 시인 이사코프스키의 시작품들을 번역해서 책으로 출판해 내었다고 하는데, 백 선생님의 어학실력으로 보나 그분의 탐구열로 보나 그것은 충분히 근거 있는 사실이라고 여겨진다.

백석 선생은 내가 아직 재학 중일 때 학교를 그만두고, 다시 서울로 돌아가셨다. 그 뒤 늘 축구부 지도교사로서의 정열적인 그분에 대한 그리움이 나에겐 못내 잊히지 않았다. 내가 영생고보를 졸업한 1939년은 '국민징용령'이라는 이름으로 일제가 수십만 명의 우리 동포들을 일본, 만주, 남양군도 등의 탄광, 군수공장 따위로 마구 끌어가고, '국경취체법'이 공포되어서 독립사상을 가진 한국인들을 늘 번뜩이며 감시하는 등 사회의 분위기가 몹시 험악하게 돌아가고 있을 무렵이다. 나는 나의 진로에 대해서 몹시 고민했다. 남양군도로 떠나버릴까. 아니면 또 다른 곳이라도…. 나는 일단 함흥을 떠나고 싶었다. 그렇게 물색하던 중에 나는 드디어 중국 다롄의 뤼순의학전문학교에 입학이 되었다. 뤼순에서 의전(醫專) 학생의 교복을 입고, 의학 공부에 몰두하면서 나는 한참동안 고향을 잊고 있었다.

태평양전쟁이 거의 막바지에 이르렀던 1942년 말경 겨울방학이 되어서 나는 모처럼 귀국길에 오르게 되었다. 다롄역에서 열차를 타고 안동(지금의 중국지명은 단동[丹東])이 가까워질 무렵 나는 문득 고향 친구를 통해서 전해들은 백석 선생의 소식이 떠올랐다. 당시 선생님께서는 안동의 세관에 근무하고 있었던 것이다. 나의 행선지에서 안동은 하나의 경유지였을 뿐이나, 압록강 철교가 멀리 바라다보이면서 나는 불현듯 나의 옛 스승 백석 선생이 그리워졌다.

안동역에서 내린 나는 무작정 안동세관을 물어물어서 찾아갔다. 선생님께서 나를 기억하실까. 아마도 아실테지. 아무렴 축구부 선수 중에서도 가장 선생님을 괴롭혀드렸던 나를 몰라보실라구. 나는 세관으로 빠르게 걸음을 옮기면서 나의 함흥시절의 옛 선생님, '모던보이'를 떠올렸다. 내 추억 속에서 선생님은 여전히 그 특유의 '올백'머리를 뒤로 꼿꼿이 치켜들고서 함흥의 중심가를 성큼성큼 아무런 거리낌 없이 당당히 걸어가고 계신 것이다. 한 마리의 멋스러운 백마처럼 아름다운 갈기를 휘날리며 운동장의 그라운드를 맞은 편 골문을 향해 바람을 가르고 뛰어가는 선생님의 모습을 생생하게 본다. 세관의 사무실에는 매우 낯익은, 그러나 지난 날의 그 멋스러움과 생기발랄함이 이젠 사라져버린 한 초라한 중년의 사내가 앉아서 나를 물끄러미 바라보았다. 백석 선생이었다. 불과 몇 년이 지났다고 이다지도 달라지신 모습일까. 만주에서의 생활이 몹시 고통스러우셨던 것일까.

나의 머릿속에는 짧은 순간에 갖가지의 추측이 한꺼번

에 번개처럼 스쳐 지나갔다. 나는 오랜만에 만난 선생님께 허리를 굽혔다. 세관이라고 해도 일본인들이 웬만한 일들을 모두 맡아서 보고, 중국인들은 잡역부로 있었는데, 조선사람들은 매우 어중간한 위치에서 별반 자리지킴을 제대로 해내지 못하고 있는 듯하였다. 선생님께서는 쓸쓸한 얼굴로 약간 미소를 지어보였다. 나의 손바닥을 감싸 쥐는 선생님의 손바닥은 거칠었고, 찬 느낌을 주었다. 마침 점심 때였는지라 선생님께서는 옛 제자를 당신의 숙소로 이끌었다.

숙소는 세관의 관사인 듯 똑같은 생김새의 건물들이 여러 채 빼곡히 들어찬 곳의 어느 한 집이었다. 방이 하나, 어두컴컴한 부엌이 하나, 작은 마루가 방과 부엌 사이에 있었다. 나를 소개하는 백석 선생의 등 뒤에는 아마도 부인인 듯 키가 자그마한 한 여성이 서 있었다. 당시 모두가 고통스럽지 아니한 사람이 없었겠지만, 백석 선생의 삶도 만주에서 별반 안정된 것이 되지 못한 듯하였다. 부인이 차려준 조촐한 점심상을 안방에서 선생님과 겸상으로 먹었다. 방벽에는 아무런 가구 하나 없었고, 부인이 틈틈이 꽃무늬 수를 놓았음직한 희고 커다란 천이 한 장 둘러쳐져 있어서, 그 안에다 몇 벌의 옷들을 걸어둔 듯하였다. 선생님과 나, 그리고 부인인 듯 여겨지는 그 아주머니와 세 사람은 점심을 먹으면서 그저 묵묵히 침묵하였던 것 같다. 그리고 나는 고향으로 돌아왔었는데, 그 후 곧 분단이 되었고, 우리 가족들은 남으로 내려왔으므로, 내가 그때 백석 선생을 안동으로 찾아가서 만났던 것이 나에겐 마지막 모습이었다.

1987년 가을에 발간된 『백석시전집』을 한 장 한 장 읽어가며, 나는 나의 고보시절의 은사였던 백석 선생의 생애를 더듬어본다. 그분은 교사로서 참 깨끗하고 순수한 분이었다.

지금도 함흥의 영생고보시절, 학교에서 학생회의 일 년 예산을 모두 학생들에게 넘겨주어 자율적으로 집행하게 하던 것, 무슨 의사결정을 할 때마다 경파(硬派)와 연파(軟派)로 나뉘어서 티격태격하던 일들. 이런 일들과 함께 백석 선생의 그 멋스러운 풍모가 수십 년 세월이 지나도 여전히 생생하게 떠오른다.

흘러 가버린 시간을 다시 돌이킬 수는 없겠지만, 곰곰이 앉아서 지난날 멋장이 '모던보이'였던 나의 스승 백석 선생과 관련된 생각을 반추할 때마다 나는 소년이 된 듯 새로 즐거워지곤 하는 것이다.

1939년 영생교보를 졸업하고

비록 나라는 일본제국의 손아귀에 들어갔으나 한반도의
조선인들은 항일의 깃발을 내린 적이 없다. 일본제국이 총
독부와 동양척식회사를 내세워 민중의 목줄을 조여오면서
그 비명소리는 더욱 커졌다. 1932년에는 이봉창 윤봉길의
의거가 조선인들의 마음을 뜨겁게 달구었고, 제주해역에
서 일본당국과 어업조합이 일본인 선주와 손잡고 제주 잠
녀들을 착취하는데 1천 명의 제주 잠녀들이 나서서 항의
하며 일본 경찰과 싸운 '제주 잠녀 항쟁사건'은 일본 당국
이 비밀리에 처리하였으나 이내 전국에 퍼졌다.

1936년에는 베를린 올림픽에서 손기정이 금메달, 남승
룡이 동메달을 수상하면서 조선인들의 자부심을 고양시켰
다. 그때 동아일보 기자 몇이 손기정 선수의 가슴에 붙은
일장기를 지워버린 사건은 동아일보의 무기한 정간으로
이어졌다.

영생고보는 그 당시로는 드물게 자유로운 교육환경을
학생들에게 제공했지만 일본의 압박은 더욱 심해졌다. 점
차 조선어 시간이 없어지고, 조선말 교가도 폐지되었고,

축구 시합의 응원가조차 일본어로 바꿔 불러야 했다. 일본의 압박이 심해진 만큼 학생들의 불만과 반항심도 높아져갔다.

18세 소년 김희모는 혼란에 빠졌다.

동경제대를 졸업하고 조선으로 돌아온 형 희덕은 지방의 군수를 거쳐 막 조선총독부로 들어갔다. 희모는 온 집안의 자랑이고 신화가 된 형의 뒤를 따를 마음은 더 이상 없었다. 딱히 반항이라거나, 일본제국에 대한 저항심이라 부르기도 어려웠다. 자신을 둘러싼 이 무거운 분위기에서 벗어나고 싶었다. 자유롭고 싶었다.

그 무렵 일본은 아시아를 침범하며 세계대전을 시작하고 있었다. 무방비상태의 남양군도는 일거에 일본의 침략으로 섬 전체가 하나의 포로수용소가 되다시피 했다. 일본 군인만으로는 그 수많은 포로수용소며 비행장 건설이며 군수공장을 운용할 수 없어 일본은 조선의 젊은이들을 '국민징용령'이라는 이름으로 끌어모아 보내기 시작했다.

김희모는 일단 함흥을 떠나고 싶었다. 그때는 남양군도로 보내는 일제의 군무원 모집이 한창이었다. 거기 가서 무슨 일을 하게 될지도 모르면서 적도의 섬나라, 야자수니 열대니 하는 말들이 유혹적이기도 했다. 그래도 전쟁터라는 생각이 그 유혹을 벗어나게 해주었다. 앞날을 생각하고 직업을 골라야 했다. 일단 생활 안정을 보장받을 수 있는 의사라는 직업이 아버지의 허락을 받기에 좋았다.

당시 평양의전이나 경성의전이 있었지만, 그는 중국 랴오닝성에 있는 뤼순의학전문학교를 선택하고 입학 허가를 받았다. 그 당시 뤼순 역시 러일전쟁이후 일본의 점령지였으나 그래도 조선의 숨 막히는 분위기에서라도 벗어나고 싶었다.

압록강을 사이에 두고 맞닿아 있는 랴오닝성에서도 서쪽 끝에 위치한 뤼순은 그의 고향 함흥처럼 항구 도시였다. 그러나 이곳 역시 일본의 시선을 피할 수 있는 곳은 아니었다. 일본은 뤼순 감옥을 개축하여 수많은 러시아, 중국, 조선의 항일독립운동가들을 가두었다. 특히 안중근을 비롯 신채호, 박희광, 이희영, 우덕순, 김병현 등 많은 항일 운동가들이 이곳에서 사형당하거나 옥사하거나 수감당해 있었다.

중국에서 다니던 의전시절, 김희모는 오로지 공부에 파묻혔다. 낯선 중국어 익히기와 의학 공부가 한눈 팔 새를 주지 않았다. 어쩌면 아무것도 보고 싶지 않았는지 모른다. 그는 방학 때도 귀향하지 않았다. 3학년 겨울방학 때 한 번 귀향했을 뿐이다. 가까운 듯 먼, 이국의 기숙사 책상 앞에서 그는 무슨 생각을 하고 지낸 것일까?

남쪽 땅 청주로 옮겨오다

출세가도를 달리는 장남 김희덕의 소식은 그들 일가를 흥분시켰다. 그들은 아들이 살고 있는 서울로 내려오고 싶었으나 아들의 결혼생활이 그들의 발길을 잡았다. 세도가 엄창섭의 눈에 들어 간택 당하듯이 하게 된 결혼생활은 처가살이나 마찬가지여서, 김희덕은 그 시절의 장남이 당연시하던 부모님을 모시고 동생들을 돌보거나 할 처지가 아니었다.

조선총독부에 근무하던 김희덕이 1944년 11월 충청북도 농상부장으로 선출되었다는 소식은 김씨 일가의 남쪽 행을 부추겼다. 근무지가 청주로 바뀌면서 처가의 영향권에서 빠져나올 기회였던 것이다. 그즈음 김희덕의 결혼생활은 손댈 수 없이 나빠지고 있었다.

1945년 8월 해방이 되어 남쪽에서는 미군정이 시작되었으나 새로울 것은 없었다. 조선에 대해 아무것도 모르던 미군정은 일제강점기의 행정인력을 그대로 이어받았다. 일경에서 근무하던 조선인은 해방 후에도 경찰이었고, 독립군 잡던 일본 군인은 그대로 군인이었다. 공무원도 여전

했다.

해방 후 김희모는 서울대 의대에서 비뇨기과 전문의 과정을 공부했다. 학교에서 연구실에 박혀 공부하는 일은 즐거웠지만, 주변이 점차 시끄러워지기 시작했다. 해방 후의 혼란한 정세는 학내에 이념논쟁의 폭발을 불러왔다. 좌니 우니 북이니 남이니 온통 학교가 이념의 전쟁터였다. 김희모는 그런 학내 사정에 염증을 느꼈다.

북에서는 소련이 주둔하여 북조선인민공화국 수립을 선언했다. 처음에는 공산당과 조선민주당이 사이좋은 듯 보였으나 46년 2월 북조선 임시인민위원회가 성립되면서 조만식이 연금되고, 세상이 일시에 얼어붙었다.

김봉식 일가도 남하를 서둘렀다. 결국 형 김희덕의 권유로 김희모가 부모님을 모시고 김희덕이 공무원으로 자리 잡고 있는 청주로 내려왔다. 김희덕은 자신의 형편상 부모를 모실 수는 없었으나 동생이 병원 개업을 하는데 도움을 준 것으로 보인다. 1947년 김희모는 청주 시내 북문로 2가 105번지에 '자혜의원'이라는 병원을 개업했다. 안정된 생활이 시작되었다.

1948년 8월 15일 대한민국 정부가 수립되었다.

나라 안은 제주 4·3 사건이며, 여수 순천 사건으로 흉흉했지만, 의사라는 직업이 있는 한 먹고 살 걱정은 할 필요가 없었다. 그러나 그는 안전한 자리에 머물고 싶어 하지 않았다. 자신이 해야 할 다른 무엇인가가 있는 것 같았다. 한 발자국 더 나아가야 했고, 더 깊어지고, 누군가에게 도움이 되는 사람이 되고 싶었다. 그가 좋은 피부과 의사로 머물지 않고, 평생을 통해 끊임없이 새로운 무엇인가를 찾아 헤맨 것은 이런 그의 성격 탓이었을까?

김순을 만나다

병원 생활은 순조로웠다.

날씨가 좋은 날이면 청년의사 김희모는 오후 느지막이 동네 공터에 나가 아이들과 어울려 축구를 했다. 아무런 생각 없이 공을 쫓아 달리는 그 순간의 전율이 좋았다.

형 희덕의 결혼생활은 거의 파탄 난 듯 보였으나 가족들은 아무도 그 일에 대해 입에 올리지 않았다. 모르는 척하면 없어질 일인 것처럼. 실상 그들이 할 수 있는 일이 아무

것도 없기도 했다.

48년 가을, 김희모의 바로 위 누이 김이순(金梨純) 가족이 청주로 내려왔다. 매형 송춘화(宋春和)는 평양의전 출신의 의사로 조선민주당의 간부였다. 조만식의 연금 후에 그 역시 잡혀들어갔으나, 병을 칭하여 의사가 가져온 체온기를 몰래 만져 온도를 올리는 기지를 발휘해 병보석으로 나왔다. 아마 의사가 눈감아 준 듯하다. 그는 그길로 혼자 남하했다.

북에 남은 가족들은 소련군이 진주하고, 월남자 가족의 재산을 몰수하기 시작하자 친척집으로 피난을 다니다가 결국 안내인의 도움을 받아 연천 쪽 한탄강을 건너 남쪽으로 내려왔다.

졸지에 막막한 피난지에서 가족 모두의 생계를 책임져야 했던 송춘화는 당시 의사협회 일로 알고 지내던 보사부 장관에게 취업을 부탁했다. 무엇보다 세 식구가 지낼 집을 구하기가 어려웠다. 장관은 관사가 있으나 월급이 너무 박해서 아무도 안 가려고 해서 지금 공석이 된 청주 도립병원 원장 자리가 있다고 추천했고, 일가가 모두 청주로 내려왔다. 그곳에는 이미 처남 김희모가 내려와 병원을 개업해 있었다.

　김희모는 키가 크고 기골도 장대했다. 북방 남자의 전형
적인 모습이었다. 게다가 개업한 총각의사라 인기가 많았
다. 혼담이 몇 번 들어왔지만, 썩 내키지 않았다. 그러는 와
중에 이상하게도 형수의 여동생과 혼담이 성사되고 있었
다. 김희모가 매력적인 신랑감이었는지 그쪽 집에서 원했
고, 김희덕도 그 결혼이 어쩌면 자신의 결혼을 파탄에서 건
져줄 동아줄이 될지도 모른다고 생각했던 것일까. 그냥 있
으면 그대로 겹사돈이 되는 그 혼인은 진행될 것 같았다.

　개업하고 그리 오래지 않은 날이었다. 병원 바로 옆에
꽤 큰 규모의 여관이 있었다. 하루는 옆집 여관의 주인이
라는 아주머니가 딸을 데리고 병원에 왔다. 어딘지 여장부
의 풍모가 엿보이는 그 아주머니와는 이웃이라 안면이 있

는 사이였다. 남편을 일찍 여읜 후 혼자서 여관을 경영하여 자식 여덟을 모두 대학에 보낸 사람으로 동네에 소문이 자자했다. 그 후 작은딸이 아프다며 그 아주머니가 몇 번 병원을 드나들었다.

그러다 어느 날 이화여대에 다닌다는 큰딸이 나타났다.

김순(金順)이었다. 1925년 음력 7월 3일생이다. 을축(乙丑)년 소띠다. 다음 해 1926년에는 비록 일본제국의 강요로 만들어지긴 했지만 대한제국의 마지막 황제였던 순종 황제가 사망하고, 6·10 만세운동이 일어났다. 충청북도 청원군 오창면 양지리 태생의 아버지 김동묵(金東黙)은 일찍이 세상을 떴지만, 재취로 들어간 어머니 유옥(柳玉)은 머리가 좋고, 배포가 크고, 실리에 밝았다. 교육이 아이들에게 가장 큰 재산이 되리라고 생각한 유옥은 직접 여관을 경영하며 아이들을 모두 대학에 보냈다. 유옥의 딸 김순은 자그마한 체구에 당당하고 분명하게 자기 의견을 말할 줄 아는 똑똑하고 아름다운 신여성이었다. 과년한 딸을 여관 집에서 살게 할 수는 없었던 유옥은 교육자인 친정 남동생 집으로 보내 외사촌들과 함께 자라도록 했다. 그 외사촌들과 김순은 평생 친형제처럼 지냈다. 전실 자식인 큰오빠는 결혼해서 분가했다. 그 큰오빠가 나중에 은평구 국회의원과 국회부의장을 지낸 김재광(金在光, 1922~1993)이다. 김재광이 선거 준비로 돈에 쪼들렸을 때, 유옥은 죽은 남편이 남긴 땅을 찾아내서, 그 땅을 팔아 그 돈을 모두 김재광에게 주었다. 자신이 낳은 자식들에게는 한 푼도 주지 않았다. 유옥이 낳은 아들은 후에 주택은행장이 된 김재기다. 그리고 그녀가 여관으로 벌어서 사놓은 땅은 나중에 모두 돈이 되었다. 친척들은 유옥을 여장부라 불렀다.

김순은 공주사범학교 심상과를 졸업하고 교원생활을 하다가 다시 이화여대에 입학해서 그해 졸업 예정이라고 했다.

김희모는 당장 약혼을 파기하고 김순에게 청혼했다. 나중에 들어보니, 장모가 김희모를 지켜보고 점찍어서 김순을 그에게 보인 것이라 했다.

1949년 7월, 김순이 이화여대 성악과를 졸업하고, 11월 1일 그들은 화려한 신식 결혼식을 올렸다. 신부는 드레스에 베일을 쓰고, 신랑은 검은 턱시도를 입고, 신부가 입장할 때는 남녀 화동(花童)이 앞장서서 꽃잎을 뿌렸다. 그 화동 역할을 한 소년이 형 김희덕의 둘째 아들 원홍이었다. 청주에 온 지 3년이 되는 해다.

처음 결혼을 약속했을 때 김희모는 김순에게 결혼하면 소록도로 가자고 했다. 김순도 그런 청년의사의 기개가 마음에 들었다. 그러나 결혼 후 그 푸르던 꿈은 슬며시 사라졌다.

집은 사람들로 북적였다. 병원에는 환자도 많았고, 내실에는 김순의 친정 식구들이 들락거렸다. 김순의 여동생은 언니가 너무 집안일을 못 해서 어머니가 나를 언니네에 보내 일을 도와주게 했다고 구십이 된 지금도 기억한다.

훗날 김순은 늘 친정 식구가 드나들어서 남편에게 창피했다고 딸에게 털어놓았다. 그러나 남편이 단 한 번도 그런 일에 불편한 기색을 보인 적이 없고, 언제나 흔연히 기쁘게 맞아주어서 그게 참 고마웠다고.

안락하고, 행복한 신혼이었다. 그러나 그 시간은 그리 오래지 않았다.

한국전쟁
—죽고 태어나고

　1950년 6월 25일 한국전쟁이 발발했다.

　일요일 아침이었다. 전쟁이 발발한 첫 얼마 동안은 흉흉한 소문만 무성했을 뿐 무슨 일인지 제대로 알 수도 없었다.

　그해 7월 13일 손쓸 새 없이 밀려나던 한국군은 청주에한국 제1군단을 창설했다. 군의관으로 입대한 김희모는제1 이동외과 병원장이 되었다.

　김순은 임신으로 만삭이었고, 젊은 의사는 모두 전쟁터로 떠났다. 나중에는 밀려드는 피난민들에게 겨우 전쟁의소식을 조금씩 전해 들었다. 모두들 남으로 남으로 밀려가고 있었다.

8월, 전쟁의 혼란 속에 첫째 명숙이 태어났다.

그 시절에는 동네마다 산파가 있어 아이가 태어날 때 조력을 받았다. 난산이 아닌 이상 의사가 필요 없었다.

그러나 형 김희덕에게는 불운한 해였다. 희덕은 갑작스레 통증을 호소했고, 청주 시내에는 의사가 없었다. 겨우 군대에 가지 못한 나이 든 의사를 찾았으나 그는 수술을 할 수 없었다. 간이 나빴다고도 하고 맹장염 같은 사소한 병이었는데, 수술을 못해서 죽었다고도 한다. 결혼은 일찍이 파탄 나 있었고, 그의 삶도 사라졌다. 그저 친일 반민족 행위자로 긴 기록을 남겼을 뿐이다. 갓 마흔이었다.

전쟁이 지나가고

　전쟁이 발발하자 육군으로 입대한 김희모는 8년 3개월
동안 군의관으로 복무했다. 다른 사람보다 훨씬 긴 복무기
간이었다. 그는 자신이 이북에서 월남한 사람이라는 정체
성 때문에 이 참혹한 내전에 유난히 더 심한 책임감을 느
꼈다. 그래서 휴전이 된 후에도 병원에 전쟁으로 다친 환
자가 남아 있는 한 더 성실하게 더 오래 군의관으로 남았
다. 책임감은 그의 성격의 한 축을 이루는 중요한 부분이
다. 그러나 전시의 군 병원에서 그가 마주해야 했던 거의
야만에 가까웠던 수술과 피비린내 나는 수많은 삶과 죽음
은 나중에 그가 전공 과목을 결정할 때에 영향을 끼쳤다.

한편 아내 김순은 시부모님과 함께 청주 집을 지키며 아이를 길렀다. 훗날 남편 없이 겪은 시어머니의 시집살이가 혹독했다고 김순은 딸에게 털어놓았다. 전시에는 딱 한 번 남편을 만나러 군산에 있는 군 병원에 다녀왔다. 이때 생긴 둘째가 아영이다. 1953년 3월 생이다.

1953년 7월 27일 휴전협정이 조인되었다. 김희모는 휴전 후에도 군에 남았다. 병원과 의사가 모자라던 시절이라 개업의는 돈을 쓸어담는다고 소문이 났다. 사람들은 김희모를 바보라고 비웃었다.

휴전이 되면서 사회는 폭풍에 휩쓸린 듯 빠르게 변화했다. 사람들은 자고 나면 세상이 달라졌더라고 말했다. 거리에서 미군을 보는 일이 드물지 않았고, 아이들은 헬로우를 외치며 그 뒤를 따라다녔다. 가끔은 그들이 던져주는 초콜릿을 주워 먹고 그 처음 맛보는 황홀한 단맛에 정신을 잃었다.

서양문화란 바로 미국문화였고, 미국은 우리의 구세주였고, 미국은 마술이었다. 미군의 피엑스 매점에서 뒷거래로 흘러나온 인스턴트커피가 한국인들의 입맛을 사로잡았다.

김희모는 8년 3개월간의 근무중 후반 4년은 청주 3육군병원에 근무했다. 청주에 있으면서 휴일이나 시간이 비는

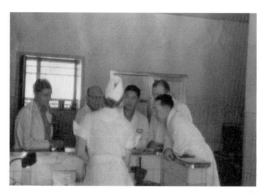

오후에는 군복을 입은 채로 대리의사에게 맡겨둔 자신의 '자혜병원'에 가서 환자를 봤다. 군이 득세하던 시절이라 이런 일이 가능했다. 후일 그는 신문의 인터뷰에서 그 일을 마음에 담아두고 미안해 한다. 그 모습이 결코 좋아 보였을 리가 없다고.

군의관 생활 마지막에 김희모는 미국 연수라는 엄청난 기회를 얻는다. 군의관 8명과 간호병 4명이 미국 군병원과 의료 행정을 배우기 위해 하와이로 파견되었다. 그 시절에 미국은 파라다이스였고, 미국을 간다는 것은 꿈같은 행운이었다. 6·25 전쟁을 통해서 그는 미국이라는 나라에 대해 엄청난 관심을 가지게 되었고, 직접 가서 보고 싶었다.

김희모는 평생 동안 5개 국어를 할 수 있었다. 일제강점기에 태어나 자랐으니 일본어는 모국어 수준으로 할 수 있었고, 의학전문학교를 중국에서 다녔으니 중국어를 할 수 있었고, 의학 공부를 하면서 독일어를 익혔고, 군대에 있으면서 영어를 공부했다.

미국 연수를 다녀온 김희모는 의욕이 넘쳤다. 처음으로 받은 서양문명의 세례였다. 일본이나 중국과 달리 미국은 온통 새로운 것투성이였다. 호기심이 많고, 새로운 것을 배우기를 좋아하는 그의 성향에 미국은 정말 말 그대로 파라다이스였다.

1954년 10월 15일 김희모가 모시고 살던 어머니 이동원이 사망했다.

형 희덕 대신 부모님을 모시고 살면서 실제로 장남 역할을 하던 김희모는 희덕이 죽고, 형수 엄경래가 아이들을 돌보지 않자 그 아이들을 자신의 호적에 입적하고 한동안 돌보았다. 해방 당시 조선총독부 학무국장에 있던 희덕의 장인 엄창섭은 1949년 반민족행위처벌법에 따라 반민특위에 체포되었다. 그때 가톨릭 주교 노기남이 예전에 엄창섭의 신세를 진 바 있어서 에둘러 석방운동을 벌이고 구치소로 성경과 교리책을 보내준다. 그러나 친일파를 청산하고 역사를 바로 세울 가장 중요하고 절박했던 반민족행위특별법은 이승만과 친일 정치세력들의 농간으로 여러 차례 개정되다가 마침내 폐지된다. 엄창섭도 특위 활동이 중단되면서 풀려났다.

희덕이 죽고 난 후 세도가의 딸로 거칠 것 없이 살던 엄경래는 전쟁의 참화속에 살아내기 위해서였는지, 다방을 직접 경영한다. 체격 좋고 영화배우처럼 화려했다는 그녀의 미모가 생계를 위해 도움이 되었는지도 모르겠다. 낯선 남자를 집에 데려와 아이들에게 아버지라고 부르게 했다는 말이 시집 식구들 사이에 떠돌았다.

세월이 지나면서 희덕의 아이들은 점차 엄경래에게로 갔으나, 둘째 조카 원홍은 그런 제 어미를 받아들이지 못해 꽤 오래까지 삼촌네서 살았다.

김희모는 미국에서는 자기 아이들에게도 잔디를 깎게 하거나 구두를 닦게 해서 용돈을 주더라며 그 신문명을 조카 원홍에게 적용해보려 했다. 병원에 와서 잔일을 도우면 용돈을 주겠다고 한 것이다. 그러나 이런 실험은 오래 가지 못했다. 조카를 학대한다며 집안 식구들이 모두 반대하며 들고 일어난 것이다.

김원홍과 균언

서울대 의대에서 박사과정을 밟다

한편으로 미국에서 만난 의사들의 모습과 의술은 그를 한없이 부끄럽게 만들었다. 자신이 너무 빈약하고 부족하게 느껴져서 도저히 개업의 생활을 계속할 수 없었다. 소령으로 군대를 제대한 김희모는 다시 서울대 피부과 교실로 돌아간다. 그렇게 4년을 지내면서 그는 자신이 가진 모든 것을 팔아서 생계를 이어갔다. 남은 것은 학위와 학위 논문뿐이었다.

59년에 피부과 전문의가 되었고, 67년에 의학박사 학위를 땄다.

김희모는 병원을 서울로 옮겼다. 김희모가 피부과를 전공과목으로 택한 것은 군의관 6년 동안의 경험 후라 더 이상 주검을 보는 일을 하고 싶지 않았다는 게 그 이유였다. 그 시절만 해도 피부과에서 수술을 하거나 생사의 위험을 무릅쓰는 일은 없었다.

그러나 타고난 성격인지, 김희모는 한가지로 규정되고 그 속에 매몰되어 반복하는 삶을 거부했다. 그는 늘 자기의 일이나 관심이 좀 더 넓어지고 깊어지고 변화되기를 원

했고, 실제로 그렇게 살았다. 그는 늘 새로운 것에 대한 호
기심에 목말라했고, 낯선 것을 두려워하지 않았고, 마음을
활짝 열어놓고 받아들였다.

피부과 개원의사로서도 그는 단지 배운 것만을 가지고
치료하는 것에 만족하지 않았다. 그는 끊임없이 새롭게 발
표되는 외국의학지의 논문들을 살펴보며, 좀 더 나은 치료
법을 적용시키려 노력했다. 당시의 피부의학은 아직 미개
척지였다.

1955년 12월 22일 동아일보에 피부과의사 김희모의 인
터뷰 기사가 게재된다.

1905년 독일의 크롬마이어라는 의사가 피부의 구조를
설명하면서 박피요법으로 천연두로 인한 흉터를 치료할
수 있다고 발표했다는 것이다.

오육십 년대만 해도 천연두 흉터로 고통 받는 사람들이 정말 많았다. 그 때문에 자살하는 사람들에 관한 기사가 드물지 않게 나곤 했던 시절이다. 그는 환자들의 고통을 해소해주지 못하는 의사로서의 무력감에 대해 가족들에게 자주 하소연했다. 피부과 치료의 대부분이 그저 증세를 조금 완화해 주는 것에 불과하다. 병의 근원을 없애주는 치료법이 없다.

어느 날 서울대 의대의 피부과 창고에서, 김희모는 버려져 있는 것 같은 기계를 하나 발견했다. 무엇에 쓰는지 궁금해서 여기저기 문의해 보았지만 아무도 아는 사람이 없었다. 그러자 김희모의 호기심에 불이 붙었다. 결국 그는 그 기계의 정체를 알아낸다. 바로 피부 박피용 기계였다.

그는 박피요법에 대해 일리가 있다고 생각하고 나중에 실제로 적용해보았다. 그러나 그 당시 한국 의료계나 환자에게는 많이 받아들여지지 않았다. 레이저도 없던 시절이라 환자는 너무 지독한 통증을 감당해야 했고 한 번으로 완치가 되는 수술도 아니었다. 박피요법은 그보다 한참이나 지나서야 대학병원에서 천연두 환자에게 적용된다.

김희모는 결국 박피요법으로 박사학위를 받았다. 실제로 그는 한국 박피수술의 일세대 의사였다. 그러나 몇 년 후에는 그 수술을 중단했다. 대체로 아내가 곰보(그 시절에는 천연두 후유증으로 남은 흉터를 그렇게 불렀다.)인 부부가 병원에 와서 수술을 했다. 너무 아픈 수술이었으니 대부분의 남편들은 반대를 했으나 아내가 고집해서 하는 수술이었다. 김희모가 보기에 그 곰보자국은 당사자인 아내 입장에서는 그 지독한 통증을 감수할 만한 상처였겠지만, 그 부부들의 애정문제에는 하등 관계가 없어보였다. 이상하게도 그 수술을 하러 오는 부부들은 유난히 사이가 좋았다. 심지어 수술할 때에 옆에서 지켜보는 남편들이 수술 받는 당사자인 아내보다 더 아파했다. 아내가 출산할 때 간혹 아내와 함께 진통을 겪는 남편들이 있는데 이 수술에서 남편들이 그런 통증을 호소했다.

특히 젊은 여성들이 곰보수술 성형을 하러 왔는데, 여러 번에 걸쳐 오랜 시간을 하는 수술이라 그는 그 환자들의 삶을 들여다보게 되었다. 그런데 대부분의 소녀들이 수술 후 얼굴에만 관심을 과도하게 가지고, 얼굴 가꾸는 일에만 집착을 보이자 그는 성형수술이 환자의 인생에 정말 도움이 되는 일인지 의문을 갖게 되고, 점차 수술을 중단하게 된다.

셋째 균언이 1956년 1월에 태어났다.

1958년 2월 넷째 순범이 태어났다.

격동의 60년대

전후 한국의 경제상황은 참혹했다. 그나마 남아 있던 산업시설은 전쟁으로 붕괴되었고, 경제를 일으킬 기반이 없었다. 배곯는 노동자만 남았다고 해야 할까. 이 와중에 12년이나 집권한 자유당 이승만 정권이 영구집권을 위해 '사사오입 개헌'이라는 초유의 불법행위를 자행하고, 공산화를 막겠다는 명분으로 공안정국의 칼을 휘두르며, 정치적 라이벌인 진보당 당수 조봉암을 간첩으로 몰아 사형시킨다. 독재와 부정부패가 사회 곳곳에 파고들지 않은 곳이 없어, 민심이 몹시 흉흉해졌다.

1960년 3월 부통령에 출마한 이기붕을 당선시키느라 정부는 노골적인 부정선거를 획책했다.

선거를 앞두고 '못 살겠다! 갈아보자!'가 당시 야당이었던 민주당의 구호였고, 그 구호는 목구멍까지 차올라 있던 국민들의 불만에 기름을 부었다. 모두들 이번에는 바꿔보자고 벼르고 있었는데, 그 민심의 향방을 눈치 챈 정권의 부정선거가 거침이 없었다. 결국 3·15 부정선거가 학생들의 시위를 촉발시켰고, 수많은 국민들까지 가세하면서

4·19 혁명에 이르게 된다.

이즈음 김희모는 서울 시내 종로 3가에 '김희모 의원'을 연다. 나중에는 을지로 3가로 옮겼다. 경제가 어려우니 환자가 쉽게 병원에 갈 수 있는 시기가 아니었다. 병원은 한가했고, 상황은 어려웠다. 아내 김순의 친구가 빈 집을 가지고 있어 거저이다시피 그 집에 세를 들어 살았고, 김순은 성악 레슨으로 생계를 도왔다.

4월 26일 이승만 대통령이 하야를 선언하고 미국으로 떠났다. 혁명으로 독재정권을 무너뜨린 것이다. 6월 15일 대한민국 제2공화국 헌법을 선포하고 윤보선 대통령이 취임했다. 사회는 어수선하고, 경제는 어려웠지만 희망을 가지고 새로운 미래를 그리고 있었다. 활발한 통일 논의가 이루어졌고, 전국 거의 모든 대학과 20여 개 고등학교에 '민족통일연맹'이 결성되었다. 더구나 1961년 2월 8일에 체결된 '한미경제협정'은 최초의 반미운동을 불러왔다. 그 과정에서 미국은 한국의 장면 정권을 탐탁치 않아 했다.

국민이 만든 민주 정부는 일 년도 채 지나지 않은 1961년 5·16 군사 쿠데타로 막을 내렸다. 권력을 탐한 박정희와 그 일당들의 총칼이 삽시간에 온 나라를 얼어붙게 만들었다. 미국은 그 쿠데타를 지지하는 의사를 신속하게 표명했다.

    도심의 거리에 탱크와 군대가 완전무장 하고 서 있었다.
날마다 새로운 포고령이 내렸고, 사람들은 여기저기서 이
유도 모른 채 연행되었다. 사람들의 목소리가 낮아졌다.
횡단보도를 잘못 건너도 잡혀갔고, 신분증을 깜박 잊고 가
지고 나오지 않아도 잡혀갔고, 쓸데없이 배회해도 잡혀갔
다. 머리가 길어도, 치마 길이가 짧아도 잡혀갔다. 거리에
서 걸인이 없어졌다. 걸인들을 모두 트럭에 태워 데리고
가는 걸 보았다고 사람들이 수군거렸다.

    길이 한산해졌다. 병원에 손님도 없었다. 그래도 김희모
는 그 나름의 방법으로 그 체재에 적응했다. 모든 외국제
품 사용이 금지되었다. 외제를 사용하면 매국노였다. 가장
대체불가 제품이 커피였다. 연구벽이 있던 김희모는 그 속
에서 무엇인가 만들려고 했다.

커피 대용품을 현상 모집한다는 공고가 났다. 그는 구하기 쉬운 여러 가지 재료로 커피 대용품을 만들어 보았다. 사람들은 흔히 콩을 태워서 대체품을 만들곤 했지만, 그는 가로수로 흔한 플라타너스 나무껍질을 태워서 만들었다. 그러나 너무 쓰기만 해서 이 발명은 실패했다. 그는 다시 방부제를 만드는데 도전했다.

이 방부제로 지인과 함께 공장을 세우기도 했다. 제품의 이름이 김희모의 성품을 그대로 보여준다. '안썩소'. 1960년대에 만든 방부제의 이름으로는 너무나 신박하다. 특허를 내고 공장을 짓고 하느라 수중에 있던 돈을 다 털어서 결국 병원 문까지 닫게 되었다.

1963년 박정희가 제3공화국 제5대 대통령으로 취임했다. 나라 전체가 숨을 죽였다. 명령과 복종만 있는 군대와 다름없었다.

이화여중에 갓 입학한 큰딸과 초등학교에 다니는 딸 둘은 서울에 남겨두고, 그는 다시 청주로 내려갔다.

청주로 돌아오다

청주로 돌아온 김희모는 장모 유옥에게 돈을 빌어 청주시 문화동에서 다시 병원을 개업한다.

아내 김순은 이때부터 서울과 청주를 오가며 아이들을 돌보고 병원을 관리했다.

아이들의 교육문제는 그들 부부에게 완전히 다른 방식으로 다가왔다.

김희모는 일제강점기에 태어나 이북에서 자라 남쪽으로 내려온 사람이다. 그는 절약과 절제를 인생의 중요한 미덕으로 생각했고 자신의 아이들에게도 그것을 가르치려 했다. 그러나 아내 김순은 아이들이 그들의 세대에서 누릴 수 있는 것들을 누려야 친구들과 공감대를 형성할 수 있다는 생각이었다. 둘째 아영은 어렸을 때 김순이 딸들에게 사 준 예쁜 원피스를 김희모가 사치스럽다며 찢어버린 것을 아직도 잊지 못한다. 아이들에게 과하다는 것이었다. 그러나 가슴이 뛸 정도로 예뻤던 그 초록색 원피스는 오래 그녀에게 상처로 남았다.

아이들은 초등학교 5학년부터 부모와 떨어져서 서울에

서 살았다. 방학 때면 청주로 돌아가고, 서울에는 아버지 어머니가 잠깐씩 다녀가는 게 전부였다.

김희모가 서울에 오는 날이면 한바탕 소동이 벌어졌다. 김순은 남편이 서울로 출발하면 즉시 서울집으로 전화를 했다.

"너네 아버지 서울로 출발하셨다."

아이들은 서둘러 텔레비전의 전원을 빼서 다락에다 감추었다. 김희모가 청주로 돌아가면 텔레비전은 다시 다락에서 내려왔다. 공부에 방해된다고 김희모가 텔레비전을 못 사게 해서 김순이 몰래 사다 놓은 것이다. 김순은 학교에 간 아이들이 친구들과의 대화에 끼지 못할까 걱정했다. 남편의 지나친 절제에 그렇게 그녀는 가끔 반기를 들었다.

김희모네 아이들은 모두 밥을 빨리 먹는다. 김희모는 일정 시간이 지나면 밥그릇을 거두어가 버렸다. 과식하면 좋지 않다는 것이다. 아이들은 밥그릇을 뺏길까 봐서 서둘러 먹는 게 버릇이 되었다. 반찬 타령할 기회 같은 것은 아예 없다.

운동화가 떨어졌다고 하면 김희모는 그 운동화를 가지고 오라고 해서 검사를 하고, 어디를 어떻게 기워 신으라고 했다. 단번에 새것을 사라는 법이 없다. 아이들은 화가 났고 나중에는 어머니에게 구원을 요청하곤 했다.

결국 어느 해인가 그 다락까지 왕복하던 텔레비전은 김

희모에게 발각된다. 김희모는 불같이 화를 냈고, 엉겁결에 아이들은 외삼촌이 사줬다고 거짓말을 했다. 김희모는 더 이상 말하지 않았다. 둘째 아영은 그때 그 아버지의 묵인이 부당하다고 생각했다. 왜 엄마가 사면 안 되고 외삼촌이 사 주면 괜찮은 걸까.

넷째 순범은 가장 오래까지 아버지 옆에 있었다. 초등학교 2학년 때였을까. 아버지는 시간이 나면 순범을 데리고 가까운 학교 운동장으로 갔다. 철봉을 가르치기 위해서였다. 턱걸이 한번 할 때마다 아버지는 상품을 주었다. 그 상품 받는 재미로 어린 순범은 턱걸이를 열 번은 할 수 있었다. 동기부여 교육을 한 것이다.

그의 '동기부여 교육'에 대한 열정은 평생에 걸쳐 계속되었다. 심지어 자녀들이 결혼하여 각자 가정을 이루었어도 일년에 몇 번 가족이 모두 모이면 시험을 치게 하고, 일정 점수를 따면 상품을 주었다. 그는 누구든 가르치고, 좀 더 나아지게 하고, 상승시키고 싶어 했다. 자기 자신까지 포함해서. 그에겐 의사와 교육자의 기질이 공존하고 있었고, 옳다고 생각한 일에는 평생을 걸고 매달리는 열정과 끈기가 있었다.

유아교육에 눈뜨다

병원은 순조로웠고 생활은 안정되었다. 그러나 김희모에게는 늘 무언가 부족했다.

그는 평생 동안 예술에 대한 동경과 열정을 가지고 있었다. 그는 글을 쓰고 싶어 했다. 시도 쓰고 소설도 썼다. 조카 송재헌에게도 보여주고, 자식들에게도 보여주었지만 모두 고개를 저었다.

한때는 조각을 배운 적도 있다. 당시 청주교대에 있던 조각가 엄태정 교수가 국전에서 국무총리 상을 받았다는 기사를 보고, 엄교수를 집으로 초대해 식사를 대접했다. 조각을 배우고 싶다는 뜻도 밝혔다. 그는 자신이 의사로 해부학을 공부했으니 인체 조각에 유리할 거라 믿었다. 그러나 조각과 해부학은 다른 문제였다. 그의 병원 건물 옥상에는 그가 만든 조각상이 여럿 있었으나 자신이 원한 것과는 거리가 멀었다. 잠시 서예를 한 적도 있다. 그러나 글씨에도 재능이 없다는 것을 확인했을 뿐이다.

그 후 이제 자신이 직접 만들지는 못해도 아름다운 것들을 모아보면 어떨까 하고 골동품 수집을 시작했다. 그러나 그것

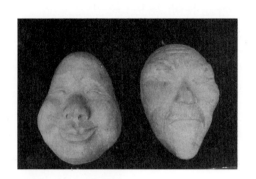

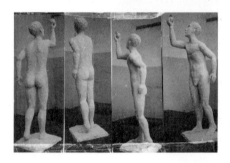

도 오래 가지 못했다. 그가 사들인 골동품 중 하나가 불법적인 거래에 얽혀 있는 물품이라 검찰에 불려가는 일이 생겼다. 화들짝 놀란 김희모는 당장 골동품 수집에서 손을 뗐다.

김희모는 아침이면 가까운 초등학교 운동장으로 나가 아이들에게 축구를 가르쳤다. 그 자신이 영생고보 축구 선수였던지라, 그는 아이들이 일찍 축구 재능을 발견하게 도와주고 싶었다. 또 아이들의 건강을 위해서도 좋은 일이었다. 2년 넘게 아이들을 지도하면서 단 하루도 쉬어 본 일이 없었다. 비가 와도 아이들과 함께 달렸다. 가르치는 일의 즐거움을 발견한 것은 이때가 처음이었다.

아직 그리 넉넉한 처지는 아니었지만, 김희모는 중학생 몇에게 장학금을 주고 있었다. 김순이 불평이라도 할라치면,

"내가 넉넉할 때 도와주는 건 도움이 안 돼. 받는 사람이 필요할 때 도와주는 게 도움이야."

라고 잘라 말했다.

1967년 5월, 박정희가 6대 대통령에 당선된 후, 월남전 참전 대가와 한일기본조약으로 받은 보상금으로 여기저기 대규모 공장이 서고, 고속도로가 개통되었지만, 기업을 살린답시고 노동환경은 열악했고, 서민의 삶은 피폐했다. 중학교에 보내준다는 기업들의 공장 기숙사에 시골의 초등

학교 졸업생들이 너도나도 몰려들었다.

김희모는 청주 로터리클럽에 들어갔다. 뭔가 사회에 도움이 되는 일을 하고 싶다는 게 그의 간절한 마음이었다. 그 길이 유아교육이라는 그의 필생의 길로 이끌리라고는 알지 못했다.

1968년 청주 로터리클럽과 자매결연을 맺은 일본 마쓰모토 시에 있는 미나미 마쓰모토 클럽에서 책 한 권이 도착했다. 스즈키 신이찌의 『사랑에 산다, 부제-재능은 타고나는 것이 아니다』라는 책이었다. 로타리클럽 일을 하면서 가까워진 미나미 마쓰모토 클럽의 호가리 가쓰오라는 사람이 일본 재능교육협회 이사였다. 일본어로 교육받은 김희모는 그 책을 단숨에 읽었다.

1969년 11월, 김희모는 일본으로 가서 호가리씨를 통해 이 '스즈키 메소드'의 스즈키씨를 소개받았다. 그리고 일본 재능교육의 현장을 보고, 그 교육으로 키워진 유아와 청소년을 만난다.

스즈키와의 만남에서 눈으로 확인한 재능교육에 김희모는 엄청난 충격을 받는다. 음악을 통해 재능을 개발한다는 그 방법이 새롭기도 했거니와 사회를 위해 유익한 일을 하고 싶어 하는 그의 욕구와도 걸맞았다. 어린이를 키우는 일은 다음 세대를 키우는 일이 아닌가.

헤어질 때 스즈키는 자신이 쓴 유아교육에 관한 책을 선물했다.

스즈키는 본래 바이올린 연주가였고, 음악학교의 교수였다. 그에게는 음악을 전공하는 많은 학생들이 있었다. 그러다가 스즈키가 34세 때 어떤 아버지가 네 살짜리 아들을 데리고 와서 바이올린을 가르쳐달라고 부탁한다. 그는 어린아이를 가르쳐 본 경험이 없어 어떤 교육방법을 써야 할까 고민에 빠졌다. 그러다가 문득 그는 일본의 모든 어린아이들이 모두 일본어를 말하고 있다는 사실에 착안한다. 특별히 가르치지 않아도, 두뇌의 좋고 나쁨에 상관없이, 아이들은 모두 일본어를 하고 있는 것이다. 특별히 가르치지 않았다는 데에 바로 특별한 교육법이 있다. 그것은 놀라운 깨달음이었고, 그는 바이올린을 모국어 습득방법처럼 가르쳐보기로 했다. 재능교육의 시작이었다. 그때 그가 가르친 네 살 아이는 나중에 일본의 유명한 바이올리니스트가 된다.

돌아오는 비행기 안에서 그 책을 통독하고, 김희모는 '스즈키 메소드'를 한국에 도입하기로 결심한다. 그때 김희모의 나이 48세였다. 새로운 삶이 시작되었다.

청주로 돌아오자마자 그는 평소에 친분이 있던 청주교대

이헌우 교수를 설득해서, 그를 마쓰모토시 재능교육연구회로 파견한다. 재능교육의 지도법을 배워오도록 한 것이다.

그때부터 유아교육에 대한 그의 공부가 시작되었다. 유아교육에 대한 책을 읽고, 유아교육에 좀더 앞선 곳이다 싶으면 그는 어디든 좇아갔다. 영국으로, 덴마크로, 독일로, 핀란드로, 미국으로, 세계 어디든 망설임 없이 달려갔다. 해외여행이 자유롭던 시절이 아니었다. 여권을 내는 일도 비자를 받는 것도 쉽지 않았다. 병원 일은 뒷전이 되었고, 김순은 그게 마뜩치 않았다. 어떤 어려움도 그의 발길을 잡지는 못했다. 그는 신이 났고, 황홀했다.

1970년 3월, 김희모는 일본 북규슈 지방의 의사회 회장 요코쿠(橫浦正二)씨의 초청을 받고, 일본으로 갔다. 그는 북규슈 지방 의사회가 펼치는 지역사회 봉사활동을 흥미롭게 시찰하다가 직업 교육이 필요한 한국 학생들을 떠올린다. 그 의사회가 간호조무사학원을 운영하고 있었던 것이다. 김희모는 한국 학생들이 그 교육을 받을 기회가 있었으면 좋겠다는 생각을 밝혔고, 요코쿠씨의 승낙을 받아낸다. 청주로 돌아온 김희모는 청주 일신종합여고 교장 김종성씨를 만나 의논하여, 3학년 학생 39명을 선발한다.

일본으로 떠날 학생들은 여름 방학부터 일본어회화를 공부하면서 일본유학을 준비했다. 이 소식을 접한 요코쿠

회장이 직접 청주에 와서 학교를 방문했다. 그 후 의사회 부회장 히야시 박사와 실무진 네 명이 청주로 와서 학교 당국과 학부모 학생들을 만나 유학 조건과 제반 과정을 제시하고 합의한다.

학생들은 71년 3월 15일 일본으로 떠나 4월, 북규슈 기락교우스시 의사회가 운영하는 준간호학원에 입학하여 1년간 교육을 받고, 졸업 후에는 2년 동안 지역의 각종 의료기관에서 일하면서 주 2회 교육을 받은 후 졸업하면 간호조무사 자격증을 받는다. 교육기간 내에 발생하는 모든 비용, 기숙사비, 식비, 제복 비용은 모두 의사회에서 제공하고, 월 1만2천 원(일본 화폐)의 월급도 받게 된다. 일본의 노동법에 준한 급여였다. 성과가 좋으면 그 제도를 계속하자는 합의도 했다. 그때 일본은 선진국에 들었고 한국은 노동할 기회를 찾기에 급급했다.

그 해, 여고생들이 일본 유학을 한창 준비 중이던 11월 13일, 서울의 평화시장 노동자 전태일이 근로기준법 준수를 요구하면서 분신자살했다. 이 참담한 사건은 정부의 급격한 산업화 과정에서 희생당하기만 했던 노동자의 삶에 대한 커다란 각성을 일으켰다. 이후 한국의 노동운동과 민주화운동, 그리고 학생운동은 전태일 이전과 이후라는 전환점을 가지게 된다.

재능개발연구회를 발족하다

그때까지 한국에는 유아교육에 대한 연구가 일천했다. 유아교육이라는 용어 자체가 낯설었다.

시간이 흐르면서 그는 자신만의 유아교육론을 가지게 되었다. 그러나 그는 연구실 안의 학자가 아니었다. 공부하고 터득하여 자신이 세운 이론을 실제로 적용하지 않고는 견딜 수가 없었다. 유아교육의 필요성을 알리는 일이 시작이었다.

김희모는 청주 시내의 여러 교회와 여성단체에 가서 재능교육을 알리는 강의를 시작했다. 그렇게 해서 청주시에서만 재능교육 회원 희망자를 200명 모집하였다.

1970년 6월부터 청주 YMCA강당에 매주 한번 회원을 모아놓고 재능교육에 대한 부모수업을 시작한다. 재능교육은 상대가 어린이였던 만큼 부모의 동참이 절대적으로 필요했다.

그해 8월 27일 김희모는 일본에서 재능교육을 참관하고 돌아온 이헌우 교수의 귀국보고회 자리를 마련한다. 당시 충북 도지사였던 정해식씨와 청주 각 대학장과 유지들이 모였다. 그 자리에서 도지사는 교육할 수 있는 장소를 알선하여 주겠다고 약속했다.

그러나 김희모는 마음이 바빴다. 그해 10월 1일 청주시의사회 사무실(남문로 2가 장내과 2층)에 방 두 개를 빌어 회원의 어린이 50명을 모아 첫 재능교육 교실을 연다. 이때의 교과 과목은 어머니 바이올린 교육과 어린이에 대한 한자놀이, 시조, 속담풀이였다. 일주에 한 번, 한 시간뿐인 수업이었지만 아이들과 학부모의 열의와 감탄이 드높았다.

당시 청주에는 관립유치원이 하나 있었다. 시내 중심 중앙공원에 자리 잡은 이층 건물이었다. 시의 보조를 받아 약 백 명의 어린이를 교육하도록 되어 있었지만 유아교육에 대한 인식 부족과 워낙 경제가 어려웠던 시절이라 원아도 잘 모이지 않아 2층이 비어 있었다. 도지사가 약속을 잊지 않고 그 장소를 제공해주었다.

11월 25일 원아 40명을 데리고 '청주 재능개발원'으로 간판을 건다. 유아교육의 길을 걷기로 결심하고 꼭 1년이 지난 시점이었다.

　1971년 4월 14일 유네스코 충북지부 주최로 청주문화원에서 유아 조기교육에 대한 강연회가 열렸다. 당연히 김희모가 연사로 무대에 섰고, 강연 후에 겨우 반년도 교육받지 못한 40명의 원아들을 문화원 무대에 세운다. 40명 아기들이 바이올린 합주와 한자 읽기, 시조놀이, 속담풀이를 시연해서 청중들을 모두 놀라게 만들었다.

　1971년 5월 막내 소연이 태어났다.

　같은 해 8월 20일 서울의 KBS TV에서 '생활백과'라는 35분 프로그램 출연제의를 받았다. 어린이 29명과 19명의 어머니가 출연하여 재능교육의 원리와 실제 교육장면을 보여주고, 바이올린 합주와 한자읽기 등의 시범을 보여주었다. 재능교육이 그만큼 알려졌던 것이다.

　또 9월 29일 서울 우이동 아카데미하우스에서 강원룡

박사 주최로 유아교육에 대한 심포지엄이 열렸다. 전국 각 대학의 유아교육 관계 교수들과 아동문학가, 유치원 원장들이 모여 유아의 두뇌계발과 재능교육에 대한 관심을 나누었다. 주제 강연은 김희모 박사였다.

11월 11일 청주문화원에서 '재능교육연구회' 창립총회가 열렸다. 지역의 유지들과 교육자들이 모두 모인 자리에서 '재능교육연구회'를 사단법인으로 만들기 위한 첫 번째 삽을 떴다.

청주유치원을 열다

　1972년 3월 13일 김희모는 청주 시립유치원의 운영을
위촉받았다. 그의 꿈을 현실에 접목할 순간이 온 것이다.
그는 아내 김순을 원장으로 임명하고, 유치원 교사들을 재
교육시키는 일에 뛰어들었다. 모든 일이 처음이었다. 우선
교사들이 그의 재능교육을 이해하고 받아들여야 했다. 그

다음은 부모였다. 아이들은 아직 한참 멀었다.

이런 상황에 유치원은 있는집 아이들의 놀이터였다. 미래의 좋은 시민, 훌륭한 사람, 재능 있는 인력으로 키우는 일은 초등학교로는 너무 늦었다. 더 일찍 시작해야 했다. 선진국에서는 벌써 까마득히 앞서가고 있는데 우리는 너무 안이하게 생각하고 있다. 하다못해 이북에서도 부모와는 상관없이 나라에서 유아원을 세우고 재능있는 아이들을 발굴해서 나라가 키운다지 않나. 김희모는 숨이 가빴다.

6월 30일 드디어 문교부에서 '한국재능개발연구회'가 사단법인으로 인가가 났다. 순수 민간 운동으로 국가의 인정을 받게 되는 것은 드문 일이었다. 김희모의 7개월에 걸친 설득과 열정이 이룬 결과였다. 정관 1조에 재능의 조기개발과 후천적 전인교육의 연구, 실천, 보급을 목적으로 한다고 적혀 있다. 죽음에 이르기까지 계속되는 김희모의 마라톤이 시작된 것이다.

1972년 10월 17일 대통령 박정희는 위헌적 계엄과 국회 해산 및 헌법정지를 내용으로 하는 특별 선언을 발표한다. 영구집권을 노린 유신헌법이 그해 12월 27일 공포되었다. 억압이 커질수록 반항의 목소리도 얼음장같은 공포를 뚫고 터져 나오기 시작했다.

이 삼엄한 분위기 속에서도 김희모는 유아교육이라는 자신의 일에만 집중했다.

우선 12명 교사에 대한 교육부터 시작했다. 재능 개발 교육의 원리, 교육 방법, 교육 목적 같은 것들을 교사들에게 직접 가르치기 시작했다. 병원에는 대리 의사를 채용해놓고 유아교육에 매달린 것이다. 일본에서 교육법을 배워온 이헌우 교수도 함께 지도해주었다. 그는 사회학과 교수였지만 바이올린의 운지법을 배워 아이들을 가르칠 만하게 연주할 수 있었다. 그러나 이헌우 교수가 1973년 10월 캐나다 교환교수로 가게 되어 김희모는 혼자 모든 것을 할 수밖에 없게 되었다. 병원은 뒷전으로 밀렸다.

재능교육의 기본으로 바이올린 연주가 있었는데, 음악을 모르는 김희모에게는 가장 큰 난관이었다. 당시만 해도 청주는 지방이라 바이올린 교수를 섭외하기가 쉽지 않았다. 또 스즈키 메소드의 바이올린 교수법은 음악 전공자들이 흔히 배우는 호만과는 달리 'tonalization(운지법)'이라고 하는 방법이라 당시에는 한국 음악계가 그 방법을 수용하려 하지 않았다.

재능 개발 교육에서 음악교육이란 단지 음악 자체를 가르치는 게 목적이 아니다. 악기를 연주하는 것이 두뇌활동에 자극을 주고, 호기심을 일으켜서 그 악기에 집중하고,

자신이 연주하는 멜로디를 익히고, 나아가서 아이들이 함께 하는 합주를 통해 공동체와의 조화를 배우게 한다는 것이다.

오랫동안 그 바이올린 수업을 청강한 김희모는 자신이 바이올린을 연주할 수는 없었지만, 입으로 바이올린을 가르칠 수는 있게 되었다. 그는 나중에 장애인 재활원에 가서 장애인들에게 바이올린의 연주 자세를 가르치고 연주법을 가르쳤다.

일 년 후, 김희모는 자신이 세운 병원 건물의 2,3층을 유치원으로 개조하여, 직접 유치원을 시작한다.

그 시절 유치원은 아이들을 모아서 함께 하는 놀이터처럼 여겨졌다. 경제적으로 여유 있는 가정의 아이들이 초등학교에 가기 전에, 그것도 드물게 가는 곳이었다. 서울을 제외하면 지방에는 거의 유치원이 없다시피 하였고, 취학 전 아동을 맡아줄 곳이 거의 없었다.

청주유치원은 처음부터 지금까지의 유치원과는 완전히 달랐다. 김희모의 유아교육론을 현실로 옮긴 것이다.

김희모는 유치원 교사 교육에 전념했다.

"교사는 보모가 아닙니다. 한 인간의 일생에서 가장 소중한 시기를 맡아 가장 중요한 교육을 하는 선생입니다. 그러니 선생님들은 거기에 걸맞게 공부하고 준비하십시오."

학교에서 배운 것은 여기서 모두 뒷전이었다. 모두 새로 배워야 했다. 김희모의 유아교육론은 물론이고, 한자 공부에, 일본어 수업에, 악기 수업까지 해야만 했다. 아이들을 가르치는 이시가와라는 일본에서 온 바이올린 선생님이 따로 있었지만, 유치원 선생들이 음악을 알아야 아이들을 이해하고 잘 가르칠 수 있다면서 날마다 수업이 끝나면, 점심을 먹고 나서 바이올린 선생에게 1대1 레슨을 받도록 했다. 일본어는 충북대학의 일본어 전공 교수님이 일주일에 한 번씩 와서 교사들을 가르치고, 숙제를 내주고 시험도 봤다. 한자 공부는 김희모가 직접 가르치고 수시로 시험을 봤다. 원생보다도 교사들이 더 공부와 시험에 시달렸다.

아이들과의 수업시간은 그보다 더한 긴장감에 시달렸다. 학생이 25명 앞에 앉아 있으면, 교실 뒤에는 그 아이들의 부모들 25명이 앉아서 선생을 지켜보고 있다. 게다가 언제나 김희모도 그 자리에 와 있었다. 매일이 공개 수업이니 교사도 수업 준비를 소홀히 할 수가 없다. 그렇게 살인적인 스케줄에 시달리면서도 아무도 항의하지 않았고, 아무도 그만두지 않았다. 그렇다고 해서 청주유치원의 교사 월급이 다른 유치원보다 높은 것도 아니었다. 다만 교사들 스스로도 김희모 이사장이 교사들을 존중하고, 아이들을 사랑하는 마음이 특별하다는 것을 알고 있었다. 동시에 김희모의 그 독재적이라 불러도 좋을 만한 다그침이 교사들 스스로를 풍부하게 만들고 있다는 사실 또한 무시할 수 없었다. 교사들 스스로 자신에 대한, 또한 자신의 실력에 대한 교사로서의 자부심이 생겼고, 그 자부심이 그들을 전진하게 했다.

아무리 열심히 수업 준비를 해도, 실제 수업을 하다 보면 아이들의 반응이 기대와 다를 때도 있고, 또 유난히 말썽꾸러기가 있어서, 준비한 대로 수업이 안 될 때도 있다. 그때마다 김희모는 교사에게 오늘의 수업이 제대로 안 된 이유를 물었다. 당황한 교사가 제대로 답을 못해서 황당한 답을 해도 김희모는 일단 그 교사의 이야기를 끝까지 들어줬다. 그 후에 자신이 보고 생각한 해결책을 말해주곤 했다.

1974년 1월 27일 아침 7시 30분 아버지 김봉식이 사망했다. 만 90세였다. 하루도 빠짐없이 냉수마찰을 하고 손주들에게 밥 한 숟가락을 입에 넣으면 50번 이상 씹으라고 가르치던 할아버지였다. 김희모는 아버지의 무덤에 직접 조각한 아치를 둘렀다. 그 후에도 아버지의 초상을 조각하고 그렸다.

교사들이 가장 무서워했던 것은 김희모의 "회의합시다"
였다. 김희모는 언제나, 하루에도 몇 번씩 2, 3층을 뛰어
다니며 "회의합시다"하고 외쳤다. 교사들은 노트와 연필
을 끼고 교무실로 모였다. 그는 걸어 다니는 아이디어 뱅
크였다. 하루 종일 아이들을 어떻게 좀 더 훌륭하게 자랄
수 있도록 할까. 그 생각에만 골몰했다.

"김선생, 상황 중심 교육이 뭐요?"

당황한 선생이 모른다고도 못하고, 엉뚱한 답변을 해도
말을 막지도 않고, 틀렸다고 지적하지도 않았다. 끝까지
이야기를 하도록 한 뒤, 나중에야 말해 주었다. 교사가 스
스로 생각할 시간을 주려고 한 것이다. 그래서 교사들은
그 회의가 더 무서웠다.

그는 재능개발에 관한 질문을 느닷없이 하기도 하고, 유
치원 운영에 대한 새로운 지침을 내리기도 하고, 아이들
개개인에 대한 질문을 하기도 했다. 김희모는 무엇인가 생
각나면 그때그때 그 일을 바로 해결해야만 하는 성격이었
다. 아침이고 저녁이고 가리지 않는 그 회의 때문에 선생
들은 늘 조마조마했다.

교사 교육 다음이 부모교육이었다. 이미 청주유치원은
개원하자마자 소문이 나 있었다. 재능개발연구회에서 교

육받은 부모와 아이들이 이 중소도시에서는 광고판을 내 건 거나 마찬가지 효과를 가져왔다. 더구나 김희모는 유아 교육에 미친 의사라는 소문이 전국적으로 파다했다.

유치원의 새로운 모집기간이 되면 유치원 앞에 부모들 이 줄을 섰다.

접수만 한다고 되는 것이 아니었다. 접수를 마치고 나면 부모들은 모두 책을 하나씩 받았다.

김희모가 편역한 스즈키 메소드 해설서인『유아의 재능 교육』이었다.

그 뒤 일정 기간을 두고 접수한 부모를 불러 모아 시험 을 쳤다. A4용지 하나 가득 프린트된 시험지였다. 10문제 정도였는데, 일정한 점수에서 잘랐다. 불합격한 부모는 다 시 다른 날 모여서 재시험을 봐야 했다. 그래도 떨어지면 청주유치원에는 못 들어오는 것이다.

김희모는 부모가 아기들의 가장 중요한 선생이라고 믿 었다. 부모가 재능교육을 배울 마음을 가지지 않으면, 유 치원만으로는 제대로 교육하기 어렵다. 부모가 먼저 배워 야 한다.

그 모든 과정을 거쳐 입학이 되었다고 끝이 아니었다. 한 달에 한 번씩 부모들을 모아놓고 출석을 불러가며 부모 교육을 했다. 부모가 교육을 소홀히 하면 아이를 최선을 다해 가르쳐도 소용이 없다. 부모가 먼저 해야 아이들이 바르게 자란다. 일 년에 세 번 이상 부모교육에서 빠지면 유치원에서 나가야만 했다.

"서두르지 말고, 비교하지 말고, 쉬지 말고."

그것이 김희모가 부모들에게 늘 강조했던 교육 방법이었다.

그 시절만 해도 어머니는 대개 집에 있었다. 통원버스 같은 것은 없었다. 그래서 아침 9시 30분이면 어머니가 아이의 손을 잡고 유치원에 왔다. 12시 30분이면 수업이 끝나는데 어머니들은 모두 그 3시간 내내 교실 뒤편에 앉아 아이들의 수업을 참관했다. 김희모도 늘 함께였다.

그러는 사이 청주유치원은 전국에 알려진 유명유치원이 되었다. 결국 전국의 유치원 원장과 교사들이 청주유치원의 교육방법을 보러 몰려들었다. 그래서 교실 뒤편의 손님들은 아이들의 부모에다 다른 유치원의 교사들까지 합쳐져서 교실이 넘쳐날 지경이었고, 교사들은 공개수업에 대한 부담으로 힘들어했다. 그러나 김희모의 교사들을 아끼는 마음이 워낙 지극했고, 학부모들도 자연히 교사들을 깍듯하게 대하고, 존경을 표했다. 무엇보다 아이들 뿐 아니라 가르치는 그들 스스로도 자신이 자라고 있다는 뿌듯한 자부심을 가지고 있어서 그런 날들이 지속가능했다.

> 저 하늘에 밝은 해가 온세상을 비추고,
> 금빛 물은 물결쳐서 새싹들이 자라난다.
> 아름다운 대한민국 이곳에 청주유치원

김희모는 직접 가사를 짓고, 판소리의 대부이자 민속음악 작곡가이자 국가무형문화재 제5호 판소리 고법 예능보유자인 정철호 명인에게 의뢰해 청주유치원 원가를 만들었다. 가사를 주고 정철호 명인이 노래한 것을 채록해서 악보를 만든 것이다.

김희모는 아이들이 몸을 움직이게 만드는 일 또한 두뇌를 잘 움직이게 하는 동인이라고 생각해서, 운동을 시키는 것 외에 소풍이나 캠프 활동도 자주 만들었다. 가을이면 자신의 아버지 무덤이 있는 종축장까지 걷기 소풍을 자주 했는데, 출발은 함께 버스로 움직이지만 나이별로 중간 중간에 내려놓았다. 7살은 1.5㎞ 6살은 1㎞. 이렇게 연령별로 내려놓고 목적지까지 걷게 했다. 1박 2일 캠프도 자주 했다.

사실 아이들을 데리고 외부로 나가서 1박 2일을 한다는 것은 위험부담도 크고, 그 책임과 번거로움은 이루 헤아릴 수 없다. 그러나 그는 번거로움을 두려워한 적이 없어 보인다. 아이들에게 좋은 일이라면 무엇이든 못할 게 없다. 하룻밤 잠을 못자는 건 예사였고, 다음날 아침도 굶어야 했다. 그 또한 교사들과 함께 일했다. 아니 일을 한 게 아니라 선두에 서서 직접 지휘를 했다. 부모와 떨어져 있는 이 시간에 아이들에게 가르칠 게 있었다.

아이들이 너무 풍요로움에 길들여져서는 안 된다. 노력해서 얻는 기쁨을 알아야 한다. 그는 늘 '빈곤의 원리'를 강조했다.

첫날 캠프장에 도착하면 아이들은 시간표대로 놀이도 하고 악기 연주도 했다. 그 일정을 다 해내야 밥을 먹을 수 있다. 아이들은 가끔 악기 연주가 싫어도 밥을 먹기 위해서 주어진 것을 모두 해냈다. 그 수고로움만큼 맛있는 밥이 기다리고 있었다.

문제는 다음날이었다. 아침 일찍 아이들을 깨워 산책으로 내보낸다. 공복에 잔뜩 걷고 나면 배가 고파서 아이들은 보챈다.

"밥 언제 먹어요?"

여기저기서 합창하듯 밥 먹자고 난리다.

그러면 김희모는 시침을 떼고 아이들에게 말한다.

"오늘 아침에 쌀이 떨어졌어. 그래서 밥이 없어."

그리고는 실망한 아이들 손에 감자를 한 알씩 들려준다. 냇가에 가서 씻어오라며.

캠프장 마당에 불을 피우고 큰 가마솥을 걸어놓고 아이들에게 자기가 씻어온 감자를 솥에 넣도록 한다. 그러고는 다시 산책을 하고 오라고 한다. 아이들은 너무 배가 고프고 에너지도 떨어져서 길 위에 누워버리고 만다. 그러면 뒤에 따라가던 김희모는 주머니에서 작은 박카스 한 병을 꺼내 뚜껑에다 한 모금씩 따라서 준다. 그 시절엔 피로회복제인 박카스가 일종의 청량음료처럼 유행이었다.

"애들아 이건 요술 약이라서 이거 먹으면 힘이 날 거야."

정말 무슨 요술 약이라도 먹은 것처럼 아이들은 벌떡 일어나 걷기 시작한다.

그러고 돌아와서 잘 익은 감자 한 알씩 나누어주면 처음에는 껍질을 벗겨 먹다가 나중에는 껍질까지 남김없이 먹어 버린다. 그러고 나서 점심때가 되어야 제대로 된 밥을 먹인다. 아이들은 그 점심을 밥알 한 톨 남김없이 먹어 치운다.

캠프가 끝나고 버스를 타고 유치원으로 돌아와 기다리던 부모를 만나면 아이들이 하는 말.

"엄마, 너무 배고팠어. 그런데 감자가 꿀맛이었어."

그때의 그 아이들은 나중에도 그 감자 맛을 기억할 것이다. 지금 같으면 아동학대로 고발당할지도 모르겠다.

김희모는 아기들이 자라는 일만큼 아름다운 일은 없다고 생각했다. 자신이 유아교육의 길로 들어선 것은 축복이었다. 날마다 아이들이 성장하는 것을 보는 것만큼 즐거운 일은 없다. 이 아이들이 자라서 이 세상의 한 기둥이 된다면, 그들이 자신의 도움으로 좀 더 나은 인간으로 자라 이 나라를 좋은 사회로 만들어준다면, 그때쯤엔 자기가 이미 이 세상에서 사라지고 만다고 해도 충분히 좋은 일이 아닐까. 언젠가 그렇게 고백했다.

청주유치원은 잘 운영되고 있었다. 전국에 협력유치원이 있고, 지부 유치원이 있었다. 그 교사들이 일주에 한 번 청주유치원에 와서 교육법을 배워갔다. 김희모의 유아교육 운동이 그의 희망대로 잘 전파되고 있었다. 그가 번역하고 해설한 『유아의 재능교육』 스즈키 원저, 김희모 편저는 1980년 11월에 발행하자마자 열흘 만에 3쇄를 찍었다. 그러나 그것으로 만족할 수는 없었다.

전국에 취학 전 아동의 수는 백만이 넘었지만 유치원을 거쳐 초등학교로 가는 아동의 수는 불과 6만에 불과했다. 6퍼센트에 지나지 않는 것이다. 그나마 있는 유치원의 대

다수가 서울과 부산 같은 대도시에 있다. 나머지 94퍼센트의 아이들은 어찌하면 좋을까. 무슨 수를 쓰든 저 유치원 바깥의 아이들에게도 교육의 기회를 주어야만 했다.

골목유치원 제도를 만들다

건물 없이,
자격증을 가진 교사 없이,
교육비 없이

이것이 김희모가 창안해낸 골목유치원 삼무(三無)의 원칙이다.

유치원 교육을 받을 돈이 없는 가정의 아이들이 절대 다수였다. 그 시절에는 아이들에게 끼니를 건너뛰지 않게 하는 게 부모의 가장 큰 소임이었다. 재능을 개발해야 하는 유아들이 교육의 울타리 밖으로 벗어난 채 소외되어 있다는 것을 김희모는 참을 수 없었다. 그래서 그가 고안해낸 것이 골목유치원이다.

　김희모는 그동안 유아교육을 공부하느라 세계의 이곳저곳을 뛰어다녔다. 영국에는 플레이 그룹(Play Group) 이라고 하는 유아교육 방법이 있었다. 주로 영국의 중산층 이상의 주부들이 자신들이 살고 있는 마을의 어린이놀이터나 그 동네에서 넓은 정원을 가진 집의 정원에 자신의 아이들과 함께 동네 아이들을 모아놓고 함께 놀고 돌보아주는 것이다. 어린이보호재단에서 재정적인 도움을 주고 있었다.

　또 동유럽의 공산국가에서도 유아교육을 중요시 여겨서, 각 마을에 한 곳을 정해놓고 일정시간 차량통행을 금지시켜 놓고, 아이들을 모아서 그 동네에서 교직의 경험이 있거나 학식이 높은 노인들을 뽑아서 아이들을 가르치고 돌보게 하고 있었다. 그 지역에 살고 있는 사람들은 아이가 있건 없건 조금씩 돈을 모아 그 노인들에게 지불하게 했다. 미래에 대한 세금을 낸다고 할까?

이런 방식들을 참고로 좀 더 한국의 서민 실정에 맞도록, 재능교육에 중점에 두고 만든 것이 김희모의 골목유치원이다. 아이들이 살고 있는 마을의 조용하고 후미진 골목길에, 그 동네의 취학 전 아이들을 모아놓고, 그 동네에 살고 있는 고등교육을 받고 유아교육에 뜻을 가진 자원봉사자를 뽑아 재능개발교육을 훈련시켜, 무료로 유아교육을 시키자.

이 골목유치원 제도를 전국에 안착시키기 위해 김희모는 스스로 모든 것을 걸었다.

골목유치원 제도와 재능개발교육을 알리기 위해서라면 못 갈 곳이 없다. 교육부는 물론이고. 문화부, 국세청, 통일원, 그 시절 사람들이 입에 올리기조차 두려워했던 안기부에도 강연 차 수차례 갔다. 정부 각 부처에 김희모의 유아교육론을 어떻게든 전파시켜야 했다. 강연의 기회를 기다린 것이 아니라 스스로 신청해서 다녔다. 전국의 초중고교에도 갔다. 그들이 바로 미래의 학부모였으니까. 신문사 기자도 만나고, 잡지사 편집자도 만나고, 대학의 교육학과 교수, 음악학과 교수, 연주자들도 만났다. 김희모는 스스로 자신의 이런 행위를 '골목유치원 운동'이라 불렀다. 김희모는 유아교육을 주창하는 운동권이었다.

1975년 첫째 명숙이 결혼하여 김희모의 곁을 떠났다.

이화여대 영문과를 나와 다시 한양대 음대에서 아내 김순처럼 성악을 전공했다. 결혼 후 미국으로 가서 캘스데이트 대학에서 커뮤니케이션을 전공해서, 성폭력 피해자 상담이나 이민자 상담 등을 했다.

맨 처음 김희모의 제안을 받아준 곳은 역시 그가 살고 있는 청주시였다. 김희모의 강연을 들은 유용기 시장이 그의 제안을 받아들여 남주동에서 첫 골목유치원을 시작할 수 있게 주선해 주었다.

골목유치원을 시작하는 데는 1975년부터 청주시에서 마련한 시민주부대학 출신의 주부들이 많은 도움이 되었다. 김희모는 이 시민주부대학의 단골 강사로 유아의 재능개발교육에 대한 강의를 해왔다. 그의 뜻에 동참하려는 많은 주부들이 골목유치원의 재능기부자가 되어주었다.

그들은 자기 자녀가 있건 없건 골목유치원의 설립과 운영에 나서 주었다.

골목유치원의 첫 개원지인 남주동은 오래된 시장이 있는 곳이다. 당시 시장의 소상인들은 장사에 바쁜 나머지 아이들을 조그만 놀이터에 풀어놓고 방치한 상태였다.

동회(지금의 주민센터)에 가서 적령기의 유아들을 찾아 모일 수 있도록 주선해주기를 부탁하고, 주부대학 출신의 주부들을 청주유치원에서 일정 교육을 받도록 했다.

1977년 5월 15일, 첫 번째 골목유치원의 문을 열었다. 만국기를 단 어린이놀이터는 소문을 듣고 모여든 아이들 100여 명에, 인근 마을 유지와 어머니들까지 합쳐져서 마치 큰 잔치터 같았다. 시장의 상인들이 온갖 먹을 것을 기증해주고, 청주유치원 아이들이 나와서 시범을 보여 환호를 받았다. 그런데 참가명단에서 빠진 학부모들이 몰려와서 왜 우리 아이는 빠졌냐고 항의가 대단하여 다음날 같은 자리에서 제2반을 하나 더 만들었다. 한 반에 원아 수를 40명 정도로 정하고, 주부대학 출신들이 추천한 자원 보모들을 한 반에 두 명씩 배당하여 아이들을 맡겼지만, 교육이라기보다 처음에는 아이들 인적사항을 파악하는 정도에 그쳤다. 결국 청주유치원의 교사들이 오후 시간을 이용하여 하루에 두 시간씩 직접 아이들을 가르치며, 자원 보모들에게 시범교육을 했다. 청주유치원 교사들 또한 자원봉사자였다. 그 첫 번째 골목유치원에서 사용한 교육자료는 재능개발연구회에서 빌려온 오르간과 주민들이 빌려준 비닐장판 네 장이 전부였다.

다음달 청주시 탑동 경로당 앞뜰에 두 번째 골목유치원이 생겼다. 두 명의 자원 보모와 30명의 어린이로 시작했지만, 남주동에서처럼 항의가 빗발쳐서 이곳에서도 제2반이 서게 되었다. 부모와 어린이 모두 교육의 기회가 없었을 뿐, 이미 배우고자 하는 욕구는 넘쳐나고 있었음을 확인한 셈이다. 이런 아이들에게 7세가 되기까지 기다리라는 것은 아이들의 자라고 싶은 욕구를 틀어막는 것과 다름없다.

그다음 7월에는 청주시에서 가장 외곽에 속하는 영운동에 골목유치원을 세웠다. 이곳에서도 역시 100여 명이 모였다. 결국 몇 번의 시도 끝에 오전, 오후반으로 나누는 방법을 채택하였다. 한 조의 자원 보모가 오전 오후 두 반을 가르치게 되었다.

그러는 새 가을이 되고, 유용기 시장이 몇 차례 골목유치원의 현황을 보고 갔다. 아이들의 호응도와 부모들의 유아교육에 대한 열성이 대단함을 알게 된 시장이 마침내 대단한 결단을 내렸다. 각 동마다 하나씩 골목유치원을 만들라는 행정명령을 내린 것이다. 그리고 그 골목유치원에 필요한 최소한의 물자를 시가 지급하기로 했다.

한 개의 유치원에 오르간 하나, 비닐로 된 깔개, 햇빛을 가릴 천막, 그리고 자원 보모들에게 차비에 준하는 만 원씩을 지급해준 것이다. 동네의 위치상 오르간 설치가 어려운 곳에는 녹음기를 대신 설치해 주었다. 그렇게 한꺼번에

34개의 골목유치원이 생겼다. 각 유치원마다 후원회가 생겼고, 자원 보모를 배치했다. 그러나 그 많은 보모의 교육 문제가 남아 있었다. 결국 그것도 김희모와 청주유치원의 몫이 되었다. 한 달에 일주일씩 오후에 하루 한 시간씩 교사 강습을 시작했다. 때로는 자원 보모들이 스스로 먼저 생긴 골목유치원에 가서 견학도 하고, 서로의 경험담을 나누기도 하면서 점점 교육내용이 충실해졌다.

김희모는 박정희가 정책의 선봉으로 깃발처럼 흔들었던 새마을운동을 골목유치원에 연계시키기 위해 정부 부처에 가서 유아교육의 중요성에 대해 강연했다. 그는 농촌 새마을운동에 골목유치원이 포함되면 유아교육의 사각지대로 놓여 있던 농촌에서 정말 중요한 역할을 할 거라고 믿었다.

1978년 7월 6일 통일주체국민회의에서 박정희가 제9대 대통령으로 당선되었다. 이제 박정희의 영구집권은 누구의 눈에도 확연히 보였다.

1979년 8월 YH 무역 생산직 여직원들이 회사의 일방적인 폐업에 대항해 신민당사에서 농성을 벌였고, 경찰 천여 명이 당사로 진입하여 폭력적으로 진압하였다. 그 와중에 여직원 노동자 김경숙이 사망했다.

1979년 10월 16일 부산대 학생들의 시위를 시작으로 부마항쟁이 발발했다. 나라 전체가 일촉즉발의 긴장감에 빠져들었다.

김희모가 이런 박정희의 영구 독재 획책에 대해 어떤 의견을 가졌는지는 알 수가 없다. 그의 행보로 보아서는 정치에 대해서는 눈을 감았던 것 같다. 김희모는 오직 자신이 결정한 일, 유아교육의 미래를 위하여 달리고, 또 달렸다.

1979년 둘째 아영이 결혼하였다. 서울대 미대 회화과와 대학원에서 공부하여 화가로 일가를 이루었다. 가끔 김희모는 딸의 그림을 사기도 했고, 김순은 딸의 작업에 대한 기사가 나면 열심히 스크랩을 했다. 아버지를 닮은 딸은 가르치는 일을 좋아하고, 무언가를 개선하는 데 관심이 많다.

그러나 세상은 가끔 예정된 것처럼 보이던 것, 끝이 없을 것처럼 보이던 일에도 뜻밖의 결과지를 보여준다.

1979년 10월 26일 박정희가 피살되었다. 중앙정보부장 김재규가 궁정동 안가에서 벌어진 술자리에서 대통령과 경호실장, 경호처장, 경호관 등을 사살했다. 김재규는 법정에서 한 최후진술에서 혁명이었다고 주장했다.

사람들은 영원할 것 같았던 박정희의 죽음에 놀라면서도 이제 독재가 끝나는 것일까 하는 희망과 다음에 무엇이 올까 하는 두려움 속에 기다렸다. 아무것도 확실하지 않았다.

그러나 불과 한 달 보름 뒤 12월 12일 전두환과 노태우로 대표되는 하나회 출신 신군부가 그 혼란을 틈타 쿠데타를 일으켰다.

 김희모는 골목유치원이 늘어나는 데에 만족하지 않았
다. 한국의 유아교육이 어떤 방향으로 발전해 나가야 하는
지, 끊임없이 고민하고 공부했다. 병원까지 후배 의사에게
맡기고 5년을 전국 각지로 돌아다니며 유아교육과 골목유
치원을 알린 전도사였다. 김희모에게 유아교육은 신앙이
었다. 골목유치원의 설립, 그 구성과 운영방법, 보모 찾기
와 후원회의 결성, 보모 교육, 어머니회의 결성과 역할, 교
육내용, 그리고 졸업생과 재원생의 반 나누기. 그 모든 것
에 김희모의 생각과 손길이 가지 않은 곳이 없다. 그는 결
국 골목유치원 교본을 썼다. 책으로 만들어 골목유치원 교
사들에게 배포했다.

 5년이 지나자 전국에 331개의 골목유치원이 생겼다. 아
내 김순은 자식들에게 너희 아버지에게 1순위는 유치원
선생님들이라고 푸념하곤 했다. 김희모는 선생님들에게
열심이었다. 바이올린 선생님, 유치원교사는 그가 귀하게
대접해야 하는 첫째가는 손님들이었다. 일주일에 최소한
한번은 회식을 하고, 좋은 음악회를 같이 감상하면서 그들
과 대화를 나누었다.

 지금 와서 생각해보면 김희모가 좀 덜 열심이었다면 어

뗐을까 하는 생각이 든다. 그러나 이런 경우 가상은 언제나 쓸데없는 상상에 불과하다.

전두환이 정체를 드러내고 대통령이 되었다. 그의 아내 이순자는 영부인이 되자 교육문제 전문가로 나섰다. 어느 날 갑자기 모든 과외를 금지시켰다. 사람들 사이에 소문이 돌았다. 이순자가 강남의 과외계를 쥐락펴락한 '빨간 바지'였단다. 지 새끼는 다 시켰으니까 남들은 못하게 막았다, 과외를 워낙 많이 해봐서 과외의 폐해를 제일 잘 안단다. 소문이 흉흉했지만 그들을 막을 것은 아무것도 없었다.

김희모의 강의를 들은 참모진의 한 사람이 이순자에게 김희모를 소개시켰다. 나라의 협조를 받으리라 생각한 김희모는 자신의 유아교육론과 골목유치원에 대해 열심히 설명했다. 이순자도 설득되는 듯 보였다. 그러나 그 후 일은 엉뚱한 방향으로 흘러갔다.

국회문공위와 당시의 여당이었던 민정당이 유아교육을 정부의 손 안에 획일적으로 묶어버리겠다는 생각을 한 것이다. 유아교육의 중요성은 알아듣고, 그것을 효율적으로 한답시고 모든 것을 '유아교육진흥법'이라는 법률로 묶어 허가와 처벌이라는 담장으로 둘러버린 것이다. 군대식 발상이었다.

"유아교육기관은 유치원과 새마을 유아원으로 한다. 새

마을 유아원은 개인이 설립, 경영할 수 있다. 단 새마을 유아원은 해당 시, 직할 시, 군수의 허가로 설립 또는 폐지할 수 있다. 이를 위반 시는 1년 이하의 징역, 또는 1백만 원 이하의 벌금형에 처한다.

또 새마을 유아원은 감독청의 지휘 감독을 받으며 보육료를 징수할 수 있고, 보모의 자격은 대통령령으로 정하고, 교직원의 복무는 공무원 규정을 준용하며, 감독청은 새마을 유아원의 설립, 폐지, 원아와 교직원의 현황을 각 지역의 교육위와 교육장에게 보고하여야 한다."

김희모는 각계에 탄원서를 보내고, 언론에도 호소했지만, 아무것도 막지 못했다.

5년 동안 김희모의 '모든 어린이를 위한 교육으로'라는 꿈을 달구던 골목유치원은 그렇게 사라졌다. 회갑이 된 김희모에게 이 일은 엄청난 좌절이었지만, 그는 계속해서 달렸다. 골목길이 막히면 다시 돌아서 뛰는 것이다.

1980년 5월 18일 광주에서 5·18 민주화운동이 일어났다. 군부는 민중을 무차별 살상했고, 언론은 봉쇄당했다. 광주 밖의 사람들은 떠도는 흉흉한 소문 속에서 외신을 통해 간혹 사진을 돌려보며 불안에 떨었다. 사실일 리가 없다고 믿고 싶었다. 광주는 철저히 고립되었다.

와우숙을 마련하다

臥牛
12

誠志의 殿堂 知·誠 臥牛塾

　1981년 김희모는 자신의 유치원 건물 옆 일본식 주택을 사들여 기숙사로 개조했다. 방 13개와 식당 화장실을 갖춘 숙소였다. 청주는 대학이 다섯 개나 있는 교육도시였다. 청주대, 충북대, 청주교대, 한국교원대, 서원대 등이 있어서 지방의 학생들이 몰려들었지만 당시는 기숙사가 있는 대학이 거의 없었다. 있다 해도 극소수의 학생들에게만 혜택이 돌아갔다. 학비에다 하숙비까지 감당할 수 있는 넉넉한 집안도 그리 많지 않았다.

1981년 10월 26일 12명의 기숙생을 받았다. '와우숙(臥牛塾)'이라는 기숙사 이름도 김희모가 직접 붙였다. 청주에 와우산이 있어, 교육도시 청주를 품고 있기도 하지만, 그는 와우의 뜻이 좋았다. 누워있는 소, 한가한 시간에 누워서 되새김질하며, 바쁜 농사철에 제 역할을 다하기 위해 준비하는 소. 미래를 위해 실력을 기르고 준비하는 사람이 되고, 그런 사람들에게 도움이 되려는 그의 소망과 일치했다.

기숙사 건립은 젊은이에게 도움이 되고 싶어서 김희모가 오래전부터 설계해온 계획 중의 하나였다. 그러나 이 와우숙이 단순한 기숙사로 끝날 수는 없었다. 김희모의 실체는 교육자였다. 그는 꿈을 현실로 만드는 실용주의자였고, 공동선을 믿고, 이 세상을, 그리고 미래를 좀 더 낫게 개선하려는 자였다.

1982년 셋째 균언이 결혼했다. 서울대 자연대 동물학과를 나와 미국 일리노이주립대에서 유전공학박사를 취득하고, 충남대 생화학과에서 후학들을 가르쳤다. 며느리가 된 곽진영은 이화여대에서 작곡을 전공한 음악도로 결혼 후 김희모의 영향으로 유아교육에 전념하게 되면서 곽샘 피아노의 저자로, 한국 재능개발연구회 서울지부 연수원장으로 있다.

1982년 2월 25일 신학기를 맞아 기숙사를 증축하고, 기숙생 정원이 24명이 되었다.

김희모는 기숙사를 마련해 주었을 뿐, 운영은 기숙생들의 자율에 맡겼다. 기숙생 스스로 숙칙을 만들고, 숙장과 방장을 뽑고, 기숙사를 운영해갔다. 당시 하숙비가 30만 원 정도였지만 와우숙은 매월 5만 원을 받아서 식사를 포함한 제반 비용에 충당했다.

기숙생은 해마다 뽑는다. 1차 서류심사를 거치면 2차로 필기시험을 보고 3차로 면접과 신체검사가 있다. 숙생들 스스로 신입생을 뽑는 서류심사를 한다. 재학증명서와 10매 내외의 자기소개서, 거기다 재학생은 전 학년의 성적증명서(B학점 이상)를 첨부해야 한다. 모두 자율이다.

그러나 기숙사의 하루 일과표를 보면 김희모의 입김이 보인다. 기숙생들은 새벽 다섯 시 반에 기상해서, 간단한 체조와 구보를 한다. 그리고 새벽 여섯 시부터 15분간 교육부장의 지도로 한자공부를 한다. 그 후 곧바로 30분 정도 일본어 학습, 이어서 30분은 영어 학습이 있다.

김희모는 문교부가 한자 공부를 커리큘럼에서 제외했을 때도 유아교육에서 한자 읽기를 가르쳤다. 동양문화의 뿌리가 거기에 있고, 우리 말에도 한자가 많이 들어와 있으니 간단한 읽기 정도는 해야 된다는 게 그의 생각이었다. 그뿐 아니라 상형문자가 아이들의 두뇌 발달에 도움이 된다고 주장했다.

여행을 많이 하라. 도서관 칸막이에 갇혀 있지 말라. 외국어를 많이 공부하자. 머지않아 문호가 개방되고, 국제화 시대가 온다. 그렇게 한 달에 한 번은 한자 시험도 보고 학생들에게 특강을 했다. 거기에도 유아교육이 빠질 리 없다. 머지않아 부모가 될 학생들이지 않는가. 어린이를 가르치는 일처럼 행복한 일이 없다. 보람찬 일로도 첫손에 꼽힌다. 아이들을 대하고 있으면 생각도 마음도 늙지를 않는다. 유아교육에 대한 그의 끝없는 사랑은 전염성이 강했다. 와우숙의 초대 숙장이었던 권창길은 나중에 유아교육 전공자로 대학에서 후학들을 가르쳤다.

7회 기숙생이었던 이기흥은 청주대 영문과를 나와 유아교육을 공부하여 김희모와 함께 한국 재능개발연구회의 일을 하고 있다. 마지막까지 가장 가까이에서 뜻을 같이한 사람이다. 그도 자신의 유치원을 운영하고 있다.

그 외에도 김희모의 생각은 많은 학생들을 움직였다. 움직이지 않을 수 없도록 그가 끊임없이 밀고 당겼다.

그 사이 김희모는 자신이 공부한 것들을 책으로 내놓았다. 어머니와 선생을 위한 유아심리 『아기는 이렇게 자란다』가 계몽사에서 간행되었고, 대학의 유아교육학과 교재용으로 『유아발달과 심리 지도』가 장학출판사에서 간행되었다. 그 외에도 『유치원부터는 너무 늦다』, 『성의 이해와 유아교육법』 등이 있다.

와우숙을 연 지 4년째부터 김희모는 학생들에게 일본 연수의 기회를 주기 시작했다. 일주에 한 번씩 본 한자 시험에서 좋은 성적을 거둔 학생들 몇을 뽑아 초대장과 비행기표, 일주일간의 숙식을 해결해 주었다. 당시는 초대장이 없이는 여권 발급이 되지 않던 시기였다. 초대장부터 일주일간의 숙식은 모두 김희모의 개인적 인연으로 마련되었다. 일본의 로터리클럽 지인들이나 일본 재능개발협회의 지인들이 기꺼이 손을 내밀었다. 비행기값은 오로지 김희모의 몫이었다. 이렇게 시작한 해외연수는 그 후 해마다 계속되었다.

와우숙을 열 때도 아내 김순은 반대했다. 세를 주면 꽤 수입이 될 텐데 뭐 하러 그런 번거로운 일을 하냐며 못마땅해 했다. 그러나 김희모는 일단 마음먹은 일을 다른 사람의 만류로 접은 적이 없는 사람이었다. 재능개발연구회도, 유치원도, 골목유치원도, 와우숙도 뒤에서 강풍이 부는 것처럼 이루어냈다. 김희모는 바람에 몸을 맡기고 뛰는

레이서였다. 세월이 흐르면서 김순은 남편 김희모의 뜻을 이해했고, 젊은이들을 곁에서 보며 그들의 성장을 돕는 일이 얼마나 보람찬지 알게 되었다. 김순은 점점 김희모의 열렬한 지지자로 변해갔다.

한때 김희모의 병원 수입은 충북 고액 납세자 13위에 들 만큼 높았다. 돈이 생기면 그는 어떻게 써야 보람이 있을지 생각하는 사람이었다. 그러나 자기 자신이나 가족들에게는 가혹하다 싶을 만큼 인색했다. 언제나 등장하는 게 '빈곤의 법칙'이었다.

아내와 자식들에게 과분한 돈을 가지는 건 화를 불러온다, 분에 넘치는 것은 경계하라는 말을 자주 했다.

1987년 1월 4일 박종철이 안기부에서 물고문으로 사망했다. 온 나라는 끓어 넘칠 듯 위태로웠다.

1987년 새로 지은 운천동 새청주 유치원 건물 지하에 다시 두 번째 와우숙을 열었다. 대지 258평에 방 13개, 기숙생은 38명이었다.

개원 1주년부터 발행한 《와우숙》 회보는 그후 해마다 학생들 스스로 편집위원을 뽑고, 원고를 모으고, 책을 만들었다. 두 와우숙의 기숙생들은 산행도 하고, 운동회도 하면서 서로 가까워질 기회를 만들었다. 김희모의 희망은 이들이 사회에 나가서도 서로 도우면서 좋은 사회를 만드는 데 뜻을 같이하는 것이었다.

김희모는 격주로 와우숙에서 강의를 했고, 가끔 저녁 퇴근 길에 들러 학생들과 술자리를 하기도 했다. 학생들을 뽑아 일본 연수를 보내는 것도 한 번도 거르지 않았다. 일본 연수 는 점점 늘어났다. 처음에는 4명이었다가 그다음에는 7명이 었다가 90년에는 10명을 보냈다. 기간도 처음에는 일주일이 었다가, 나중에는 방학을 이용해서 한 달씩 보냈다. 그런 인 연 때문인지 와우숙 출신 중에는 일본 유학생이 많다.

연수 후에는 언제나 모임 자리를 마련해서 그 연수에서 보고 들은 것을 발표하도록 했다. 대개 처음 만난 이웃나 라의 발전에 대한 놀라움과 홈스테이로 신세 진 일본인들 에 대한 감사의 이야기가 많았다.

김희모는 언제나 귀를 기울여 학생들의 소감을 듣고 있 다가 그들에게 경계의 일침을 놓곤 했다.

친절에 너무 끌리지 말라.

학생들이 그 말을 알아들었을까. 혹여 그때엔 못 알아들 었더라도 언젠가 때가 되면, 김희모의 그 일침을 기억하게 되지 않았을까? 우리는 살아가면서 귓등으로 듣던 부모님 의 설교를 새삼 떠올리는 날이 오고, 그렇게 성장하는 게 아닐까?

　1988년 9월 17일 하계올림픽이 열렸다. 속은 곪아가도 나라는 올림픽이라는 잔치로 잠시 반짝였다. 한강의 기적 이라는 말이 깃발처럼 펄럭였다. 메달 집계 4위의 성적을 받고 사람들은 모두 마약을 한 것처럼 황홀경에 빠졌다.

　평생 처음으로 김희모가 아내 김순에게 결혼 40주년 기념으로 금으로 만든 하트가 40개 달린 목걸이를 선물했다. 김순은 눈물을 흘리며 기뻐했다.

　1989년 넷째 순범이 결혼했다. 성균관대 토목공학과를 나오고 일본 동경 공업대학에서 수자원공학을 전공하여 석사학위를 취득했다. 그후 모교 성균관대에서 박사학위를 취득하고, 대학에서 후학들을 가르치다가 김희모 사후 아버지의 일을 물려받아 한국재능개발협회 이사장으로 있다. 며느리 유휘는 서울대 음대에서 첼로를 전공하고, 결혼 후 재능개발 연수를 받고 새청주유치원의 행정실장으로 있다.

순범이 동경에서 유학 중일 때, 김희모는 동경 외곽 야마노테선 근처 화장실도 없는 원룸을 얻어주고는 일본에 올 때마다 그 좁은 방에 와서 자고 갔다. 작은 선풍기 하나 있는 방에서 불편한 잠을 자고, 새벽 다섯 시면 일어나 텔레비전을 켰다. 자정 넘어 들어온 아들이 곤히 잠들어 있어도 아랑곳하지 않았다. 아들은 호텔에서 자지 않는 아버지가 이상했다. 그때는 이해할 수 없는 게 너무 많았다. 그렇게 자주 외국을 다니면서도 김희모는 아무 것도 사오지 않았다. 선물 사려고 하다 보면 그것에 매여 제대로 여행을 할 수가 없다면서 김희모는 유아교육에 필요한 것 외에는 아무 것도 사오지 않았다. 아들도 아버지에게 배운대로 하면서 산다.

인터뷰 때 순범은 부끄러운 듯 슬쩍 돌려서 말했다. 존경하는 사람이 누구냐고 친구들에게 물어보면 다들 자기 아버지래요. 별로 특별하지 않는 아버지라도요.

정말 유별난 당신의 아버지는 어떻게 생각하냐고 물어보지 않았다.

재능개발 세계대회 서울서 열다

일본의 재능교육을 받아들인 김희모는 자신의 유아교육론을 접목시켜 발전시켜 한국에서는 재능개발이라는 이름을 붙였다. 세계적으로는 일본의 재능교육 창시자인 스즈키 박사의 이름을 붙여 '스즈키 메소드'라 불린다. 스즈키 메소드는 악보를 보지 않고 어린이가 쉽게 음악에 접근하는데 주안점이 있지만, 김희모는 악기를 매개로 한 인성훈련에 더욱 그 목적을 두었다. 그러나 김희모가 스즈키 메소드를 받아들여 교육한 이후 한국 클래식 음악의 저변을 넓히기도 했다. 유아교육을 통해 일찍 바이올린과 피아노를 배운 어린이가 자라서 전문연주가가 된 사례가 많아진 것이다.

이 스즈키 메소드를 받아들인 세계 18개 국가의 회원들이 20년 전부터 격년으로 한자리에 모여서 친선 축제를 벌인다. 스즈키 메소드는 음악의 조기교육을 통한 유아교육이어서, 이 축제에는 스즈키 메소드로 공부한 어린이 음악 영재들이 모여 함께 콘서트도 하고, 음악 수업을 받고, 지도자 교육을 한다.

유아교육을 연구한 뒤 김희모는 계속 축제에 참석했다. 이 축제는 어린이와 그 부모, 지도자가 모두 참석해 상호 이해와 교류를 가지고 유아교육의 새로운 방향을 모색해 가는 축제라 김희모의 의도와 일치했던 것이다.

김희모는 91년에 열렸던 호주 아델라이드 축제에 재능 개발 교육을 받은 지도자 39명을 인솔해 참석했다. 그리고 다음 11회 세계 축제 개최국으로 한국이 지명되었다.

일본을 제외하고는 아시아에서 처음 있는 축제였고, 세계에서 2천 4백여 명이 몰려드는 대축제였다. 그때부터 2년간 그 대회의 행사를 치를 장소를 구하고, 행사를 이끌 전문 인력 30명을 뽑아서 훈련시키고, 자원봉사자도 모집했다.

1993년 8월 9일부터 6일 동안 재능개발 세계대회가 셰라톤 워커힐 컨벤션센터, 서울 선화예고, 경복궁, 리틀엔젤스 회관 등에서 열렸다. 세계 30여 개국의 어린이 1천2백 명과 학부모, 지도교사가 참가했다. 스즈키 박사의 공개강연, 참가학생 전원이 펼치는 바이올린 합주, 앙상블 연주회, 독주회, 지도교사 연수, 개인과 그룹 레슨 등 다양한 교육 프로그램으로 짜였다.

김희모는 '사이좋게 조화를'이라는 슬로건을 내걸었다. 서로 다른 문화적 배경을 가진 어린이들이 이 캠프를 통해

서로를 알아가고, 학부모와 지도자는 유아교육의 새로운
방향을 모색하자는 것이다.

행사는 성황리에 끝났다. 전국 신문과 방송에 재능개발
세계대회가 기사화되고, 아이들의 합주 모습이 뉴스에 올
랐다.

큰 행사를 무사히 치른 안도감과 함께 그를 가슴 뜨겁게
한 것은 와우숙 출신 졸업생들의 자원봉사 참여였다. 현재
기숙하는 대학생들은 물론 졸업하고 일본에서 유학 중인
학생들까지 김희모를 돕기 위해 달려와 준 것이다.

그러나 이 행사를 준비하면서 가끔 김희모는 몹시 피곤
해했다. 함께 일하던 사람들은 예전에 보지 못했던 모습이
어서 의아했지만, 너무 큰 행사 탓이려니 했다.

너무 빠른 결승점

　김희모는 페이스 조절에 실패했다. 표면적으로 보기에는 그가 저지른 유일한 실수인 것 같다.

　마라톤은 길고 긴 코스이다. 하물며 한 인간의 생의 시간은 각자 채우기 나름이지만 전력 질주하기에는 너무 길다. 그는 처음부터 끝까지 최대속도로 달렸다.

　어쩌면 그건 김희모가 원했던 바일 수도 있다. 그는 머뭇대거나 빈들거리거나 할 수가 없었다. 목표를 정하면 직진으로 온 힘을 다해 달리는 것, 그것이 타고난 성정이었다.

　세계대회를 끝내고도 그는 잠시도 쉬지 않았다.

　유아교육에 들어서면서 병원은 전문의 두 명에게 맡겨두었지만 십 년 전에 문을 닫았다. 이제 원아들과 만나면 할아버지라 불리고, 가위 바위 보를 하면서 층계 오르기를 한다. 청주유치원과 새청주유치원은 신입생을 뽑을 때마다 학부모들이 전날 밤을 세워 줄을 설 정도로 안정적이다.

　품을 떠나 일가를 이룬 자식들은 각자의 자리에서 제 할 일을 하고 있다. 막내 소연은 도쿄 무사시노학교를 졸업하고, 미국 FIDM대학에서 디자인을 공부하고 있다.

그래도 그는 쉴 수가 없다.

다행히 그에게는 가까이에서 그의 뒤를 따르는 동행자가 있었다. 와우숙 기숙생으로 있다가 일본 유학을 하고 와서 재능교육연구회 일을 함께 하던 이기홍이다. 또 로터리 회원이기도 하다. 두 사람은 서울 제일생명 로터리 근처 유치원 하던 건물을 임대해서 직접 뜯고 고치고 해서 한국 재능개발연구회 연수실을 만들었다. 주말이면 그 수업을 위해 함께 고속버스를 타고 와서 전국의 유치원 교사들에게 재능개발 교육을 가르쳤다.

서울을 함께 오르내릴 때면 차츰 김희모의 걸음걸이가 위태롭게 느껴지기 시작했다. 이기홍은 모른 체 하고 바싹 붙어서 걸었다. 층계를 오르내릴 때는 더욱 힘들어 보였다. 그래도 김희모는 자신의 통증을 털어놓지 않았다.

한번은 수업이 끝난 후 서울에서 가깝게 지내던 정훈 기자와 만나 셋이 가진 술자리에서 김희모는 눈물을 흘리며, 낭떠러지에 서 있는 기분이라고 고백했다. 그뿐이었다.

김희모는 늘 다음 할 일을 마련해 놓아야 하는 사람이었다. 다음 달에 있을 일본 미야자키 콘서트에 갈 어린이들을 뽑느라 오디션을 봤다. 십 년을 꼬박 한 달에 한 번씩 발간하던 《재능개발》 잡지에 원고도 보냈다. 체중이 5킬로그램이나 줄었다.

1993년 12월 6일 월요일이었다. 친구가 하는 '석내과'에 가서 엑스레이 촬영을 요구했다. 이미 두 번 쓰러진 적이 있었다. 그는 필름을 앞에 놓고 훑어보고는 주머니에서 담배를 꺼내 피웠다.

담배는 김희모가 한 유일한 일탈에 가깝다. 그 하나밖에 없는 취미가 그를 때려눕혔다.

김희모는 예전에 군병원장을 했기 때문에 엑스레이 판독을 할 수 있었다. 친구가 담배를 피우는 그에게 폐암이라고 선언했다. 김희모는 우선 그 병원에 입원했고, 이기흥을 불렀다. 그리고 스스로 로터리클럽에 전화해서 다음 주 강연을 취소하고, 다른 사람을 대체하라고 당부했다. 멀리 여행을 떠나게 되었다며. 이기흥에게는 다음 달에 가야 할 미야자키 콘서트에 순범과 함께 참석하라라며 여러 가지 부탁을 했다. 또 오랫동안 함께 일해 온 청주유치원과 새청주유치원 교사들에게 전해달라며 뒷일을 부탁했다. 김순덕 선생, 신혜승 선생, 김미경 선생, 김동균 선생이 서로 의논해서 잘 이끌어달라고.

다음날 청주 남궁외과 입원실에서 김희모는 다시 이기흥을 불렀다. 그는 아무래도 유언을 하려는 것 같아 녹음기를 가지고 병원에 갔다. 병원에 가보니 며느리 곽진영이 와 있었다. 서울 아산병원으로 가기로 했다며 김순은 옷을 가지러 집으로 갔다. 이미 호흡이 힘들었는지 김희모는 풍선 같은 것을 달고 있었다.

변의가 있다고 해서 곽진영은 잠깐 복도로 나가고, 이기홍이 변기를 침대 위에 대어 주는데, 갑자기 김희모가 쓰러졌다.

의사들이 달려오더니 집으로 가시는 게 좋겠다고 했다. 임종을 못한 가족들을 생각해서 호흡기를 달아놓긴 했지만 그때 이승을 떠난 것이다.

김희모는 청주시 북문로 2가 116-117번지. 김피부과 병원이 있고, 청주유치원이 있고, 살림집이 있던 곳으로 돌아왔다. 12월 7일이었다.

그날 밤 미국에 살던 큰 딸 명숙과 막내 소연의 꿈에 김희모가 다녀갔다. 멀리 사는 딸들이 보고싶었던 걸까? 걱정이 되었던 걸까?

마라톤이 끝나고

우리 나이 73세에 김희모는 세상을 떴다.

12월 11일 청주유치원 강당에서 김희모의 추모식이 열렸다. 그가 그렇게 사랑하던 어린이들이 장송곡을 연주했다. 강당이 손님으로 꽉 찼다. 그에게 재능교육을 받았던 어린이가 어머니가 되어 그의 유치원에 왔고, 이제 추모식에 왔다. 전국의 재능교육 지도자들이 모두 모였다. 와우숙을 거쳐 간 젊은이들이 한걸음에 모였다.

일본을 오가며 그 오랜 세월 로터리클럽과 유아교육 일로 만나던 지인들이 달려왔다. 서울의 모든 신문들이 유아교육에 끼친 그의 업적을 기리고 있었다.

내가 밀알이 되어, 이 아이들이 자라서 좀 더 좋은 사회가 된다면, 그때쯤에는 내가 없어도 좋지 않을까. 그렇게 말했던 그는 그 꿈을 이룬 것일까?

그가 가고 30년. 세상이 많이 변했다.

2012년 7월 그가 떠난 뒤 유독 많이 그리워하던 아내 김순도 세상을 떴다.

학교기숙사가 많이 생기고 그런 강훈련을 견딜 학생도 점차 없어져서 와우숙은 2015년 2월 문을 닫았다. 유치원은 아들 순범이 맡아서, 그때의 선생님들과 함께 하고 있지만, 지금은 커리큘럼을 마음대로 할 수 없는 실정이라 그 시절과 사정이 많이 다르다.

그는 딱 그 시대에 필요한 사람이었고, 자기가 하고 싶었던 일을 했다. 결승점에 도착했고, 마라톤은 끝났다.

평전을 끝내고

무모한 시작이었다. 이미 이승을 떠난 지 30년이 다 된 사람이고, 유년시절이나 젊은 시절을 증언해줄 사람도 없다. 평생을 함께한 반려도 이미 세상을 떴다. 자식이 알고 있는 이야기는 한계가 있다. 만나서 이야기를 들어볼 수 있는 사람도 유아교육 이후의 교분관계일 뿐이다.

내 손에 있는 것은 1958년에 취득한 7장의 호적등본 한 부뿐이다. 그렇게 시작했다. 2년을 지리멸렬하게 뒹굴었다. 그리고 간신히 찾은 몇 개의 기사와 유치원과 재능개발연구회에서 함께 일한 분들의 증언, 그리고 국회도서관과 친일인명 사전의 덕을 많이 입었다.

가능한 사실에 매달릴 것, 혹은 사실이라고 생각되는 것만 쓸 것, 신화를 만들지 않을 것, 작은 명칭 하나라도 정확하게 확인할 것. 그런 것들이 내가 이 글을 쓰면서 정한 규칙이다.

제대로 지켜졌는지는 모르겠다. 변명 같지만 건강이 따라주지 않아서 더 힘들었다.

그래도 오래 주물러서 그런지 나중에는 김희모 선생과 몹시 가까워진 것 같다.

인터뷰에 응해주신 송재헌님, 김순덕님, 신혜승님, 이철웅님, 이기홍님 감사합니다. 그리고 자료수집부터 함께 해준 현의정님께도 인사를 드려야겠다. 오래 기다려준 분들께도.

김민숙

■ 김희모 연보

1921년   6월 27일 함흥시 동문리 79번지에서 김봉식과
        이동원의 2남으로 태어나다.
1934년   함흥 영생고보에 입학, 영어교사로 있던 시인 백
        석과 만나다.
        함흥 영생고보의 축구부 선수로 서울에서 열린
        전선(全鮮)고보 대항축구시합에 참석하다.
1939년   영생고보 졸업, 중국 뤼순의학전문학교 입학.
1945년   서울대 의대 비뇨기과 전문의 과정에 들어가다.
1947년   청주 시내 자혜의원 개원.
1949년   11월 1일 이화여대 음대를 졸업한 김순과 결혼.
1950년   7월 한국전쟁 발발 후 군의관으로 입대하여 제1
        이동외과 병원장이 되다.
        형 김희덕 병으로 갑작스레 세상을 뜨다.
        8월 큰딸 명숙 태어나다.
        육군으로 입대한 김희모는 8년 3개월 동안 군의관
        으로 복무, 군의관 기간 중 미국연수를 다녀오다.
1952년   서울대에서 피부과 전문의, 1967년 의학박사가
        되다.

1953년   3월 둘째 아영 태어나다.

1954년   10월 어머니 이동원 사망하다.

          제대 후 다시 서울대 피부과 교실로 돌아가다.

1956년   1월 셋째 균언 태어나다.

1958년   2월 넷째 순범 태어나다.

1960년   서울 종로3가에 김희모의원을 열다.

1963년   다시 청주로 내려가 김피부과의원을 개원하다.

1967년   청주 로터리클럽에 들어가다.

1968년   일본 마쓰모토시에 있는 미나미 마쓰모토클럽의
          호가리 가쓰오씨를 통해 일본 재능교육을 접하
          게 되다.

1969년   11월 스츠키 메소드의 스즈키씨를 소개받다.

1970년   3월 일신종합여고 3학년 학생 39명을 선발, 일본
          간호조무사 학원으로 유학보내는 역할을 하다.

1970년   6월부터 청주YMCA 강당에서 매주 한 번 재능
          교육에 대한 부모수업을 시작하다.

1970년   11월 25일 원아 40명을 데리고 '청주 재능개발
          원'으로 간판을 걸다.

1971년   5월 막내 소연 태어나다.

1972년   3월 13일 청주시립유치원 운영을 위촉받다.

1972년   6월 30일 문교부에서 한국재능개발연구회가 사
단법인으로 인가나다.

1973년   김희모는 자신의 건물 2, 3층을 유치원으로 개
조하여 청주유치원을 시작하다.

1974년   1월 아버지 김봉식 사망하다.

1975년   첫째 명숙 결혼하다.

1977년   5월 15일 첫 번째 골목유치원의 문을 열다.
그 후 5년 사이에 전국에 331개의 골목유치원이
생겨났다.

1979년   둘째 아영 결혼하다.

1980년   『유아의 재능교육』, 『골목유아원 교본』 출간.

1981년   유치원 옆 건물을 매입해 대학생을 위한 '와우숙'
이라는 기숙사를 만들다.

1982년   셋째 균언 결혼하다.

1983년   『아기는 이렇게 자란다』, 『유치원부터는 너무 늦
다』 출간.

1984년 『유아발달과 심리 지도』, 『성의 이해와 유아교육
       법』 출간.
1987년 새로 지은 운천동 새청주유치원 건물 지하에 두
       번째 와우숙을 열다.
1989년 넷째 순범 결혼하다.
1993년 8월 9일부터 6일 동안 김희모 주관으로 재능개
       발 세계대회 열다.
1993년 12월 7일 갑작스레 세상을 떠나다.

시간을 달리다
−김희모 평전

김민숙 지음

발 행 처 · 도서출판 청어
발 행 인 · 이영철
영　　업 · 이동호
홍　　보 · 천성래
기　　획 · 남기환
편　　집 · 방세화
디 자 인 · 이수빈 | 김영은
제작이사 · 공병한
인　　쇄 · 두리터

등　　록 · 1999년 5월 3일
(제321-3210000251001999000063호.)

1판 1쇄 발행 · 2021년 6월 20일

주소 · 서울특별시 서초구 남부순환로 364길 8−15 동일빌딩 2층
대표전화 · 02−586−0477
팩시밀리 · 0303−0942−0478

홈페이지 · www.chungeobook.com
E−mail · ppi20@hanmail.net
ISBN · 979−11−5860−942−9(03990)